W0193743

Heinz Knebel

Wie bewerbe ich mich richtig?

Heinz Knebel

Wie bewerbe ich mich richtig?

Bechtermünz Verlag

Genehmigte Lizenzausgabe für
Bechtermünz Verlag im
Weltbild Verlag GmbH, Augsburg 1997
© mvg-verlag im verlag moderne industrie AG,
Landsberg am Lech
Umschlaggestaltung: Adolf Bachmann, Reischach
Gesamtherstellung: Presse-Druck Augsburg
Printed in Germany
ISBN 3-86047-549-5

Inhalt

Vorwort

Ein Bestseller? Die große Nachfrage nach diesem Taschenbuch zeigt deutlich: Bewerber sind interessiert zu erfahren, nach welchen Kriterien Personalfachleute die Bewerberauswahl durchführen. Personalfachleute werden dazu ständig geschult, insbesondere für das erfolgreiche Führen von Vorstellungsgesprächen. Sie lernen dabei, durch welche Techniken und Taktiken sie im Gespräch alles für sie Wissenswerte erfahren. Die Möglichkeiten für den Bewerber, die Taktiken und Techniken eines erfolgreichen Vorstellungsgespräches zu erfahren, sind dagegen vergleichbar gering. Diese Situation ist für die Bewerber nicht vorteilhaft.

Eine Gleichheit der Chancen zwischen Bewerber und Arbeitgeber sollte bei einer Vorstellung möglichst erreicht werden. Das wird sich für beide Seiten zum Vorteil auswirken, denn weder der Bewerber noch der Personalleiter möchten nachträglich feststellen, daß sie sich in ihren Erwartungen getäuscht sehen. Beide streben in der Regel ein Dauerarbeitsverhältnis an, und eine vorzeitige Trennung ist für keine Seite ein Vorteil.

Dieses Buch soll daher allen Berufstätigen und Berufsanfängern die Möglichkeit geben, sich mit den Vorstellungen, Erwartungen und Vorgehensweisen der Arbeitgeber besser vertraut zu machen, sich darauf einstellen zu können, um dadurch bei der Bewerbung erfolgreicher zu sein. Darüber hinaus sollen einige Ratschläge dem Bewerber helfen, sich richtig auf seine Vorstellung vorzubereiten. Eine gute Vorbereitung ist auch hier das beste Mittel zum Erfolg und vergrößert bei dem Bewerber die Chance, den Arbeitsplatz seiner Wahl auch wirklich zu erhalten. Wer noch intensiver die Techniken der Personalleiter kennenlernen möchte, sei auf mein Buch »Das Vorstellungsgespräch« verwiesen, das in der 15. Auflage erschienen ist.

Hamburg *Heinz Knebel*

Einleitung

Fast alle Menschen kommen mindestens einmal im Leben in die Verlegenheit, sich bei einem Arbeitgeber vorstellen zu wollen oder zu müssen. Manchmal ist es nur zum Beginn des Berufslebens, wenn die Stellung danach bis zur Pensionierung nicht mehr gewechselt wird. In den meisten Fällen wechseln jedoch die Menschen im Laufe ihres Berufslebens öfter den Arbeitgeber und sind auf der Suche nach einem Arbeitsplatz ihrer Wahl.

Dafür gibt es verschiedene Gründe. Unzufriedenheit mit dem bisherigen Arbeitsplatz und den Bedingungen des Unternehmens, bessere Chancen und eine günstige Weiterentwicklung in anderen Unternehmen. Manche Arbeitsplatzwechsel werden aber auch hervorgerufen durch Rationalisierung und Stillegungen von Betrieben. So wechseln viele freiwillig und manche unfreiwillig ihren Arbeitgeber und stehen immer wieder vor dem gleichen Problem: Wie fange ich es an, um den Arbeitsplatz zu finden, der den persönlichen Vorstellungen am nächsten kommt?

Wie fange ich es an, mich richtig zu bewerben? Was wird die Firmenleitung von mir verlangen? Wie kann ich es anfangen, um einen für mich so interessanten Arbeitsplatz auch wirklich zu erhalten und neben den anderen Bewerbern zu bestehen?

Dazu ist es bestimmt gut zu wissen, wie die andere Seite das sieht. Was erwarten Arbeitgeber und Vorgesetzte heute von Bewerbern, wenn diese sich vorstellen? Welche Art und Weise der Bewerbung ist diejenige, die am meisten Aussicht auf Erfolg bietet?

Dazu gibt es aus den Erfahrungen von vielen tausend Vorstellungsgesprächen wichtige Hinweise, die jedem von Nutzen sein können:

1. Wie spreche ich den Arbeitgeber an?

2. Wie müssen Bewerbungsunterlagen aussehen?

3. Wie kann ich mich auf die erwarteten Fragen und Gesprächstechniken vorbereiten?

4. Welches Auftreten ist vorteilhaft?

5. Welche Informationen von den Unternehmen benötige ich für meine Entscheidung?

6. Wie entscheide ich mich zwischen verschiedenen Angeboten?

I. Die Bewerbungsvorbereitung

1. Was gehört zur Vorbereitung einer Bewerbung?

Unterschiedliche Qualifikationen und angestrebte Tätigkeiten erfordern auch unterschiedliche Wege und Vorbereitungen, um zu einem erfolgreichen Arbeitsverhältnis zu kommen. Die Tabelle zeigt Schwerpunkte des Vorgehens auf, wie sie sich in der letzten Zeit in der Praxis als zweckdienlich erwiesen haben.

Welche Wege für welche Position?

Aktion des Bewerbers	Aushilfs- tätig- keiten	Kaufmänn., Ver- waltung	Hand- werk	Akadem. in Wirtschaft, Verwaltung, Staatsdienst	Ing- wesen	Führung und Manage- ment
Anruf aufgrund Informationen im Bekanntenkreis	++		+			
Bewerbung auf Zeitungsanzeigen		++		+	+	+
Selbstinsertion				+	+	
örtl. Arbeitsamt	+	+	+	+	+	
gezielt Großfirmen und Verwaltungen anschreiben	+	+	+	+	+	
Fachvermittlungsdienste	+	+	+	+	+	+
sich gezielt empfehlen lassen	+	+	+	+	+	++

Die Kontaktaufnahme zum Markt ist vorrangig. Jeder muß sein eigenes Marketing gestalten, denn der Arbeitgeber kommt (noch nicht) ins Haus mit seinem Anliegen. Dabei gilt es, folgende Regeln aus der Erfahrung zu beachten (nach Stoebe, F.):

1. Zuschriften auf Stellenangebote	– Anforderungen sorgfältig lesen – nur dann schreiben, wenn das eigene Erfahrungsprofil weitgehend mit dem Anforderungsprofil übereinstimmt – im Anschreiben eine Verbindung zwischen den eigenen Erfahrungen und der ausgeschriebenen Aufgabe herstellen – diese Bewerbungsform ist problematisch für ältere Bewerber, oft aussichtslos – wenn fraglich, telefonische Vorklärung – im positiven Fall: vollständige Bewerbungsmappe schicken
2. Persönliche Kontakte zu Firmen mit potentiellem Bedarf	– Vorklären, ob Bedarf besteht a) telefonisch b) durch persönlichen Brief c) über einen Bekannten – im positiven Fall: persönliches Gespräch suchen
3. Kontakte zu Unternehmens- und Personalberatern	– nicht auf Verdacht schreiben, diese Leute dürfen nicht »vermitteln« – nur dann schreiben, wenn Bezug zu bestimmten Ausschreibungen oder

	bekannten Bedarfsfällen hergestellt werden kann
	– Möglichkeit der telefonischen Vorklärung wahrnehmen
	– Vorsicht: manche Personalberater sind Adressensammler, d. h. sie haben keinen Bedarfsfall, lassen sich aber trotzdem Unterlagen schicken
4. Eigene Stellensuchanzeige in Tages- oder Fachzeitschrift	– Sehr empfehlenswert – überzeugend formulieren und gestalten (professionell) – deutlich machen: Welche Zielgruppe/Problemstellung wird angesprochen? – welche Qualifikation (Schwerpunkt) bzw. Problemlösungserfahrung wird angeboten?
5. Zielgruppen-Kurzbewerbung (Direct-Mail)	– stärkste Form der Bewerbung, spricht latenten Bedarf an – sorgfältige Abgrenzung der Zielgruppe und Adressen-Selektion – aktuelle Probleme der Zielgruppe ansprechen – das eigene Leistungsangebot überzeugend darstellen – evtl. Erfahrungsprofil oder Darstellung gelöster Probleme beilegen – jede positive Anfrage sorgfältig beantworten: telefonisch, schriftlich, komplette Unterlagen schicken

Für den Berufsstart hat »Start« ein Bewerbungsdiagramm entwickelt (Berufsplanung für Ingenieure), das beispielhaft auch für andere Berufsgruppen gilt:

BEWERBUNGSDIAGRAMM AM BERUFSSTART

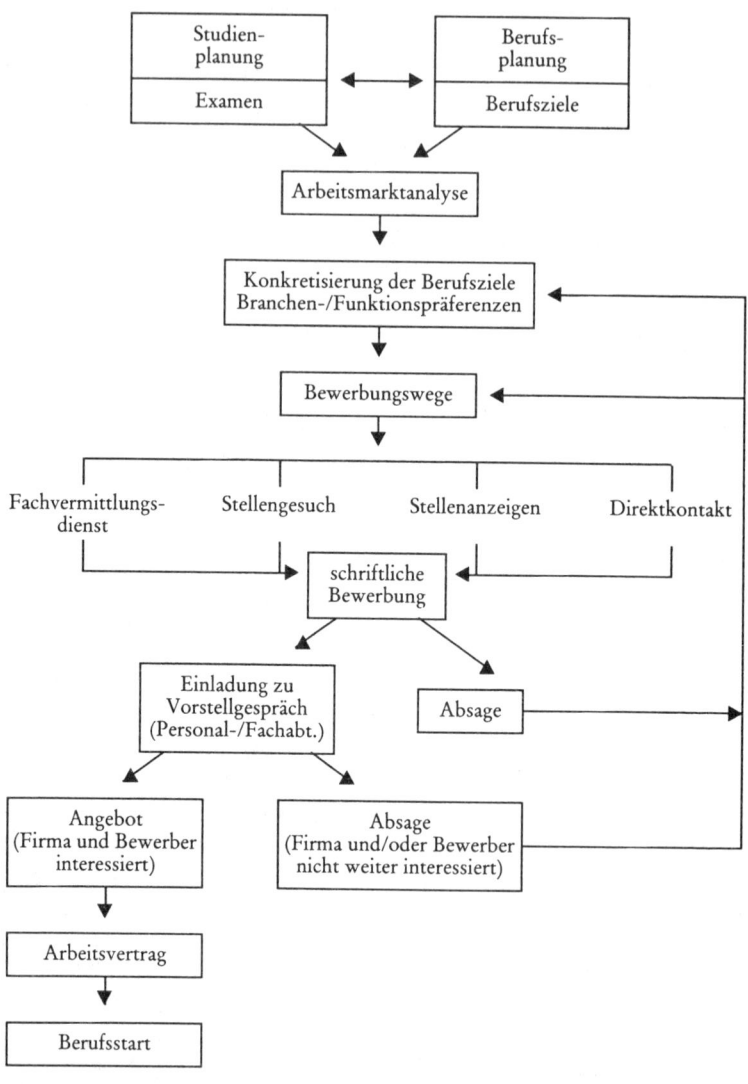

Quelle: »Start« 2/89

Wer eine neue Position sucht, bewirbt sich zunächst auf Stellenangebote in den großen Tageszeitungen. Hier handelt es sich um ein Potential, das relativ begrenzt ist. Die in den Inseraten ausgeschriebenen Positionen stellen nur einen Teilmarkt dar, der Gesamtbedarf an Arbeitskräften der Wirtschaft ist sehr viel größer.

Die Stellenanzeige bringt die anbietende Firma in eine gute und den Bewerber in eine weniger günstige Position. Auf eine Vakanz melden sich oftmals 50 und mehr Bewerber. Davon bekommt nur einer die Goldmedaille, die anderen erhalten Absagen. Es ist sehr deprimierend, wenn jemand dieses Spiel schon vierzig- oder sechzigmal mitgemacht und immer nur negative Bescheide bekommen hat. Deshalb kann einem Stellensuchenden, vor allem dem älteren, nur dann geraten werden, sich auf eine Anzeige zu bewerben, wenn die Qualifikationsanforderungen ihm wirklich auf den Leib geschrieben zu sein scheinen. Nur wenn er die genannten Voraussetzungen hervorragend erfüllt, hat er Chancen, in die engere Wahl zu kommen und im Wettbewerb mit vielen anderen vielleicht die Goldmedaille zu erhalten. Viel zu viele Stellensuchende bewerben sich um Positionen, für die sie gar nicht oder nur teilweise geeignet sind. Schade um die Mühe bei der Erstellung der Unterlagen und das Briefporto. Das kann nichts bringen. Viele Bewerber lesen die in den Inseraten formulierten Anforderungen nicht sorgfältig genug. Der Bewerber muß schon überzeugend dartun können, daß seine besonderen Stärken und Erfahrungen genau auf den Gebieten liegen, die in dem Inserat beschrieben sind und er hier Erfolge nachweisen kann. Ist das nicht oder nur teilweise der Fall, tut er besser daran, auf eine Bewerbung zu verzichten. (Siehe dazu: Mein persönliches Profil.) Die Stellenangebote müssen also entsprechend eingegrenzt werden, und erst dann kann die Bewerbungsstrategie beginnen.

Größer als der in den Stellenanzeigen ausgeschriebene Bedarf ist das latente Bedarfspotential, das in allen Unternehmen in einem gewissen Umfang vorhanden ist. Wenn hier ein Angebot für genau diesen Fachmann gemacht wird, hat das eine Chance.

Gut formulierte Eigenanzeigen lassen schon in der Überschrift erkennen, welche Zielgruppe oder welcher Fachbereich angesprochen und welche Leistung beziehungsweise Aufgabenerfüllung angeboten wird. Je klarer und überzeugender die Aussagen formuliert und auf die Lösung konkreter Aufgaben und eindeutig erkennbarer Zielgruppen ausgerichtet sind, desto besser wird die Resonanz sein. Immer geht es darum, den Fachmann für die Lösung bestimmter Probleme, zum Beispiel für die Sanierung von Auslandsbeteiligungen in südamerikanischen Ländern, zu erkennen.

Eigeninserate bringen oft erstaunliche Ergebnisse. Wenn die Problemsituation einer bestimmten Zielgruppe gut getroffen ist, sind Zuschriftenzahlen von 10 bis 20 und nicht mehr selten. Die Erfahrung lehrt, daß etwa die Hälfte von Firmen, die andere von Personalberatern kommt. Besonders interessant sind natürlich die direkten Kontakte zu Firmen, die der Bewerber erhält. Das bringt wesentlich mehr Chancen als ungezielte Zuschriften auf Stellenangebote, für die er nur teilweise die geforderten Kenntnisse und Erfahrungen nachweisen kann. Deshalb hat auch der Markt für Stellengesuche in den großen Tageszeitungen deutlich zugenommen.

Für den Erfolg einer solchen Anzeige lassen sich im wesentlichen drei Voraussetzungen formulieren: 1. eine saubere Eignungsanalyse (s. Abbildung: »Mein persönliches Profil«), welche Ihre besonderen Stärken und Schwächen herausarbeitet, 2. die Ansprache der aktuellen Problematik einer deutlich abgegrenzten fachlichen Zielgruppe und 3. eine hervorragend sachliche Formulierung, Gestaltung und Typographie.

Eine zunehmend erfolgreiche Form der Bewerbung ist die »Blind«-Bewerbung. Sie suchen sich geeignete Firmen aus dem Telefonbuch heraus und schicken einfach Ihre Bewerbung an den Chef. Oder Sie rufen an. Aber bedenken Sie bitte, daß 100 Blindbewerbungen nicht zuviel sind. Sie müssen viel Geduld aufbringen, und ein Halbjahr an Zeitaufwand ist nicht selten. Je professioneller Sie vorgehen, desto schneller werden Sie Erfolg haben.

Mein persönliches Profil

		stimmt haar-genau	teils, teils	das sehe ich nicht so
Aufgeschlossenheit	Ich höre gern Menschen zu, die eine ganz andere Auffassung haben als ich.	☐	☐	☐
Ausgeglichenheit	Ich bin schwer aus der Ruhe zu bringen.	☐	☐	☐
Leistungsbereitschaft	Ich bin ehrgeizig.	☐	☐	☐
Lernbereitschaft	Ich lerne gern Neues dazu.	☐	☐	☐
Selbständigkeit	Ich arbeite am liebsten nach meinen eigenen Regeln.	☐	☐	☐
Selbstvertrauen	Ich vertraue auf meine eigenen Fähigkeiten.	☐	☐	☐
Verschwiegenheit	Ich kann gut etwas für mich behalten.	☐	☐	☐
Zielstrebigkeit	Ich versuche das, was ich mir vorgenommen habe, möglichst schnell und gut zu erledigen.	☐	☐	☐
Auffassungsvermögen	Ich kapiere schnell, wenn mir jemand etwas Neues erklärt.	☐	☐	☐
Entscheidungsfreude	Wenn ich mich entscheiden muß, überlege ich meistens nicht lange, sondern entschließe mich schnell.	☐	☐	☐
Eigeninitiative	Woran ich interessiert bin, damit beschäftige ich mich ohne Anleitung auch von mir aus.	☐	☐	☐
Begeisterungs-fähigkeit	Ich kann mich für etwas, das mich beschäftigt, leicht begeistern.	☐	☐	☐
Risikobereitschaft	Ich gehe gern mal ein Risiko ein, wenn es etwas zu gewinnnen gibt.	☐	☐	☐
Anpassungsfähigkeit	Ich komme mit ganz unterschiedlichen Menschen gut zurecht.	☐	☐	☐
Hilfsbereitschaft	Wenn jemand Hilfe braucht, springe ich gern ein.	☐	☐	☐
Kompromißbereitschaft	Ich muß bei einem Streit nicht immer recht behalten.	☐	☐	☐
Kontaktfähigkeit	Es fällt mir leicht, fremde Menschen kennenzulernen.	☐	☐	☐
Kritikbereitschaft	Ich lasse mir auch mal sagen, daß ich etwas falsch gemacht habe.	☐	☐	☐
guter Zuhörer	Ich kann anderen Menschen bei ihren Problemen gut zuhören.	☐	☐	☐
Überzeugungskraft	Ich habe in Diskussionen oft treffsichere Argumente, die andere überzeugen.	☐	☐	☐
Ausdauer	Ich kann wochenlang an einer Arbeit sitzen und an einem Problem tüfteln, bis ich ein Ergebnis habe, das mich zufriedenstellt.	☐	☐	☐
Disziplin	Ich kann mich auch zum Arbeiten zwingen, wenn ich eigentlich gar keine Lust habe.	☐	☐	☐
Gründlichkeit	Ich versuche, meine Arbeit sorgfältig zu erledigen.	☐	☐	☐
Ordnungssinn	Ich kann in meinen Sachen gut Ordnung halten.	☐	☐	☐
Zuverlässigkeit	Ich bin ein Mensch, auf den man sich verlassen kann. Was ich versprochen habe, halte ich auch.	☐	☐	☐

Quelle: Bewerbungstaktik, Genossenschaftsbüro, Neu-Isenburg, Nr. 2, 1988

Eine ganz entscheidende Frage, die Klaus Urban wie folgt beantwortet:

»Schreiben Sie uns oder rufen Sie uns einfach an.« Oder: »Herr Müller gibt Ihnen gern vorab telefonisch nähere Auskünfte.« Solch eine direkte Aufforderung in einer Anzeige – manchem reicht auch die schlichte Angabe einer Telefonnummer – ist schon eine starke Versuchung, gleich zum Telefon zu greifen und sein Interesse zu bekunden. Vor allem aber, erst einmal abzuklären, ob die Stelle überhaupt in Frage kommt. Lassen doch die meisten Anzeigen viel mehr Fragen offen, als daß sie welche beantworten. Insbesondere, ob die ausgeschriebene Stelle überhaupt auf dem eingeschlagenen Karriereweg liegt und, wenn ja, ob die Aufgabe nicht etwa zu groß oder zu klein ist, läßt sich aus der Anzeige meist nicht mit Sicherheit ersehen. Können sich doch unter gleichen Bezeichnungen sehr unterschiedliche Aufgaben – und vor allem Kompetenzen – verbergen. Einen gewissen Anhaltspunkt ergäbe wahrscheinlich das für die Stelle vorgesehene Gehalt. Was also liegt näher, als zum Telefon zu greifen und Klarheit zu schaffen?

Vielleicht sind Sie auch gar nicht auf Stellensuche? Haben Sie die Anzeige mit dem attraktiv erscheinenden Angebot nur durch Zufall entdeckt, vielleicht, als Sie eine selbst geschaltete Anzeige suchten oder als Sie – einer guten Gewohnheit folgend – wieder einmal den Stellenmarkt durchschauten? Lohnt sich die Mühe einer schriftlichen Bewerbung überhaupt – mit Anschreiben, Zusammenstellen von Zeugniskopien, Verpacken und Versenden? Vielleicht ist die Stelle längst besetzt?

Deshalb greifen viele Bewerber, wenn sie eine Anzeige, die in Frage kommen könnte, entdeckt haben, nicht zur Schreibmaschine, sondern zum Telefon. Telefonieren kann man ja, das tut man schließlich jeden Tag im Büro.

Mit großer Wahrscheinlichkeit werden dabei beide Seiten eine Enttäuschung erleben. Sie, weil Sie die erhoffte Klarheit doch nicht bekommen; Ihr Gesprächspartner ebenso, weil er den Eindruck gewinnen muß, Sie suchten gar nicht eine anspruchsvolle Aufgabe, sondern schlicht mehr Geld. Eine vielleicht sehr gute Chance ist vertan! Wo liegt der Fehler?

Der Fehler liegt in der mangelnden Vorbereitung des Telefongesprächs. Widerstehen Sie der Versuchung, spontan zum Hörer zu greifen. Bereiten Sie das Telefongespräch genauso sorgfältig vor wie ein persönliches Vorstellungsgespräch:

1. Lesen Sie die Anzeige nochmals ganz genau durch. Was wird gesucht? Welche Aufgabe soll der Gesuchte erfüllen? Welche Muß-Anforderungen sind genannt? Welche Wunsch-Anforderungen? An wen soll der Gesuchte berichten? Welche Kompetenzen sind vorgesehen, damit er die Aufgabe erfüllen kann? Ist eine Einarbeitung vorgesehen? Wann soll der Gesuchte verfügbar sein? Was ist über das Unternehmen gesagt? Über seine Größe, Marktstellung, Ertragslage, sein Wachstum, seine Ziele? Was über den Sitz des Unternehmens, den vorgesehenen Einsatzort, den Umfang einer eventuellen Reisetätigkeit? Welcher Branche gehört das Unternehmen an? – Welche dieser Fragen werden beantwortet, welche nicht? Prüfen Sie selbstkritisch, ob Sie wirklich alle Muß-Anforderungen erfüllen. Wenn Sie auch nur eine wesentliche Anforderung nicht vorweisen können, dürfte die Aufgabe nicht für Sie in Frage kommen! Könnten Sie zu dem gewünschten Termin anfangen? Wären Sie – auch Ihre Familie – bereit, an den angegebenen Dienstsitz umzuziehen oder die erforderliche Reisetätigkeit zu akzeptieren? Erst wenn Sie wirklich alle diese Fragen mit »Ja« beantworten konnten, sollten Sie anrufen.

2. Legen Sie sich Ihre Unterlagen (Lebenslauf, Zeugnisse, Argumente etc.) zurecht, damit Sie notfalls sofort Auskunft auch über Details Ihres Werdegangs (zum Beispiel: das Thema Ihrer Diplomarbeit) geben können. Bei einem persönlichen Vorstellungsgespräch hat Ihr Gesprächspartner in der Regel Ihre schriftliche Bewerbung vorliegen und zuvor durchgesehen; hat somit ein ungefähres – und zwar positives! – Bild von Ihnen, das er im Vorstellungsgespräch nur noch abrunden und bestätigt sehen möchte. Im Gegensatz dazu weiß Ihr Gesprächspartner am Telefon nichts über Sie, er wird durch Ihren Anruf mit einer völlig unbekannten Persönlichkeit konfrontiert und soll herausfinden, ob Sie der Gesuchte sein könnten oder einer der vielen sind, die die Anzeige nicht richtig gelesen

haben. Dazu muß er sich schnell ein ungefähres Bild über Ihren bisherigen Werdegang verschaffen. Er wird Ihnen einige gezielte Fragen stellen. Je präziser und vollständiger Ihre Auskünfte sind, um so treffender wird sein Urteil sein können. Sie sollten alle für die Beurteilung wesentlichen Fakten angeben. Auch ist das eine schlechte Gelegenheit für »Versteckspielen«; wenn Sie das Fehlen wesentlicher Qualifikationen oder das Vorliegen besonderer Umstände (zum Beispiel unfreiwilliges Ausscheiden aus der letzten Stelle) verheimlichen, stehlen Sie sich und Ihrem Gesprächspartner nur die Zeit; bei dem anschließend notwendigen persönlichen Vorstellungsgespräch müßten Sie solche Umstände schließlich doch zur Sprache bringen.

3. Legen Sie sich eine Liste mit Fragen zurecht. Anders als im persönlichen Vorstellungsgespräch, bei dem das Zücken eines Fragenkatalogs eher peinlich wirkt, können Sie sich am Telefon einer solchen Hilfe ungehindert bedienen. Aber zunächst nur Fragen zur Aufgabe und zu den Umständen, unter denen sie zu erfüllen ist, nicht zum Gehalt und zu den sozialen Leistungen.

4. Treffen Sie Vorsorge, daß Sie in Ruhe telefonieren können. Hintergrundgeräusche (ob aus Küche oder Kinderzimmer, ob Hundegebell oder Straßenlärm) schaffen eine schlechte Gesprächsatmosphäre. Beim Anruf aus einer öffentlichen Fernsprechzelle riskieren Sie, daß Ihnen die Münzen ausgehen oder ein drängelnder Nächster Sie unterbricht. Ebenso problematisch kann ein Anruf vom Arbeitsplatz aus sein, wenn Sie nicht offen sprechen können und jeden Augenblick mit einer Störung rechnen müssen; Ihr Gesprächspartner kann einen völlig falschen Eindruck von Ihnen gewinnen!

5. Rufen Sie nur zu den in der Anzeige angegebenen Zeiten an beziehungsweise nur während der üblichen Bürozeiten. Außerhalb dieser Zeiten erreichen Sie entweder nicht den gewünschten Gesprächspartner oder Sie müssen damit rechnen, daß Ihr Anruf eher stört. Rufen Sie überhaupt nie an, wenn ein Anruf nicht ausdrücklich vorgesehen ist, zumindest durch die Angabe einer Telefonnummer in der Anzeige. Das Heraussuchen der Telefonnummer sollten Sie sich auf jeden Fall ersparen.

Tips für die telefonische Bewerbung auf eine Anzeige:

1. Lesen Sie die Anzeige genau durch, und prüfen Sie, ob Sie die Anforderungen erfüllen können.
2. Legen Sie sich Ihre Unterlagen zurecht, um sofort auskunftsfähig zu sein.
3. Stellen Sie eine Frageliste auf.
4. Sorgen Sie für Ruhe im Hintergrund des Gespräches.
5. Rufen Sie zu günstigen Arbeitszeiten an.
6. Bereiten Sie sich darauf vor, ggf. auf einen Anrufbeantworter sprechen zu müssen.

6. Rechnen Sie auch damit, daß sich statt des gewünschten Gesprächspartners ein Anrufbeantworter meldet und Sie auffordert, auf Tonband zu sprechen. Gar mancher Bewerber hat dabei eine allzu klägliche Vorstellung abgegeben.

Melden Sie sich am Telefon deutlich mit Ihrem Namen. Haben Sie Verständnis, wenn Ihr Gesprächspartner zunächst mit einer gewissen Hartnäckigkeit nachfragt, bis er Ihren Namen richtig verstanden hat. Er möchte nicht nur wissen, mit wem er spricht, sondern Sie auch korrekt anreden können. Tun Sie Gleiches! Auch Sie sollten genau wissen, mit wem Sie sprechen und Ihren Gesprächspartner mit Namen anreden. Die direkte Anrede im Gespräch kann helfen, eine vertrauensvolle Basis zu schaffen.

Sagen Sie gleich zu Anfang, auf welche Anzeige Sie sich beziehen. Mitunter hat Ihr Gesprächspartner parallel mehrere Anzeigen geschaltet. Sie helfen so, schnell auf den Punkt zu kommen. Rechnen Sie damit, daß Ihr Gesprächspartner, bevor er Ihnen vertrauliche Informationen liefert, zunächst etwas über Sie erfahren möchte. Er muß wissen, wem er diese Informationen gibt. Beantworten Sie seine Fragen offen, nur so kann das Vertrauen aufkommen, daß er Ihnen seinerseits vertrauliche Informationen schon am Telefon liefert. Erwarten Sie aber nicht zu viel! Wurde zum Beispiel der Name des Unternehmens in der Anzeige nicht genannt, werden Sie ihn in dieser frühen Phase des Gesprächs auch nicht erfahren. Überlassen Sie es Ihrem Gesprächspartner, herauszufinden, ob Sie ein für ihn interessanter Kandidat sind. Er sucht doch. Sonst hätte er die Anzeige nicht aufgegeben. Zeigen Sie Interesse, indem Sie Fragen zur Aufgabe stellen. Bieten Sie an, eine komplette Bewerbung zu schicken. Mit der sofortigen Einladung zu einem persönlichen Gespräch werden Sie nur in Ausnahmefällen rechnen können.«

Umgang mit Personalberatern

Immer mehr Unternehmen suchen Ihr Personal mit Hilfe von Personalberatern. Diese plazieren dann die Stellenanzeigen − ohne Nennung der personalsuchenden Firma − und führen eine erste Personalauswahl durch.

Die geeignetesten Bewerber stellen sie dem Unternehmen vor und geben dabei Beurteilungen ab. Wie verhält sich nun ein Bewerber, wenn er sich an eine solche Personalberatungsfirma wenden muß, die in der Stellenanzeige genannt wird? Heinz Tannert, erfahrener Personalberater der SCS in Hamburg, gibt dazu folgende Tips:

− Rufen Sie den Berater an, wenn Sie mehr über die ausgeschriebene Position wissen möchten. Sie erfahren so schneller, ob sich eine Bewerbung für Sie lohnen könnte oder nicht. Denken Sie daran, daß der erste telefonische Kontakt mit dem Berater Ihnen möglicherweise eine Menge Zeit und Bewerbungsaufwand sparen kann.

− Sie möchten, daß Ihre Bewerbung erfolgreich ist. Verschicken Sie deshalb keine Standardbewerbung, sondern beziehen Sie sich gezielt auf die Ausschreibung. Lesen Sie genau, was in der Anzeige über die Position gesagt wird, was von Ihnen erwartet wird, und was Sie erwarten können. Bei Unklarheiten rufen Sie den Berater an. Er ist für Sie da und bürgt für absolute Diskretion. Und denken Sie daran: Vollständigkeit und einwandfreie äußere Form Ihrer Unterlagen sind erste Argumente für Sie.

− Für Ihren Stellenwechsel haben Sie sich einen zeitlichen Rahmen gesetzt. Auch Ihre Kündigungsfrist müssen Sie beachten. Versuchen Sie also auf jeden Fall, im weiteren Kontakt mit dem Berater Ihre persönliche Terminplanung einzuhalten. Seriöse Berater machen Ihnen − die Bestätigung Ihres Bewerbungseingang ist selbstverständlich – spätestens zwei Wochen nach Schaltung der Anzeige einen Terminvorschlag für ein persönliches Gespräch oder informieren Sie über den Stand und weiteren Ablauf der Anzeigenaktion. Scheuen Sie sich nicht, nachzufassen und sich nach dem Stand der Dinge und weiteren Terminen zu erkundigen.

– Das persönliche Gespräch mit dem Berater sollte Ihnen alle Informationen über das Unternehmen vermitteln, die Sie für Ihre Entscheidung brauchen. Nutzen Sie diese Informationsquelle. Stellen Sie sich vor dem Gespräch am besten einen Fragenkatalog zusammen. Lassen Sie sich, falls vorhanden, Firmenschriften geben. Bitten Sie den Berater auch, Ihnen gegebenenfalls Informationen zu beschaffen, die er Ihnen im Augenblick vielleicht nicht geben kann. Und vergessen Sie nicht: Heute fragen erspart Ihnen morgen Überraschungen.

– Kennen Sie Ihre Persönlichkeit, Ihre Ausstrahlung und Ihre Wirkung auf andere? Nur selten werden Sie von den Menschen Ihrer täglichen Umgebung ein offenes und aufrichtiges Wort dazu erhalten. Nutzen Sie auch hier Ihren persönlichen Berater. Lassen Sie sich von ihm im Gespräch unter vier Augen Ihr Persönlichkeitsprofil darstellen. Diskutieren Sie offen Ihre Stärken, aber auch Ihre Schwächen. Verlangen Sie, daß Testergebnisse mit Ihnen besprochen werden. Und lassen Sie sich auch erläutern, warum Sie für eine Position möglicherweise nicht in Frage kommen. Seriöse Berater sagen Ihnen das auch.

– Wir kommen als Original auf die Welt und verlassen sie als Kopie, sagt ein Sprichwort. Versuchen Sie trotzdem, Original zu bleiben. Gehen Sie nicht mit der Einstellung in das Gespräch, einer bestimmten Rolle, einem bestimmten Klischee entsprechen zu müssen. Sie verlieren damit letztlich nur innere Sicherheit. Seriöse Berater haben weniger Vorurteile, als Sie vielleicht denken. Nutzen Sie das Gespräch mit dem Berater als Generalprobe.

– Persönliche Beratung ist Vertrauenssache und bedingt absolute Diskretion. Darauf können Sie sich bei Ihrem Berater in jeder Hinsicht verlassen. Weder wird Ihr jetziges Unternehmen in irgend einer Weise und irgendwann von Ihrer Veränderungsabsicht erfahren, noch wird Ihre Bewerbung an Unternehmen geleitet werden, die Sie in Sperrvermerken angeben. Sie können auch davon ausgehen, daß Referenzen erst dann eingeholt werden, wenn Sie zugestimmt haben.

— Erfahrene Berater kennen sehr viele unterschiedliche Branchen, Gehaltsstrukturen und Nebenleistungen. Nutzen Sie dieses Wissen. Sprechen Sie offen über Ihre Forderungen und Vorstellungen, auch über die Gestaltung Ihres Arbeitsvertrages.

— Auch nach Ihrer Einstellung wird der seriöse Personalberater mit Ihnen im Gespräch bleiben, um Ihnen zu helfen, während Ihrer Einarbeitszeit mögliche Schwierigkeiten aus dem Wege zu räumen. Nutzen Sie diese Chance. Sehen Sie im Personalberater Ihren Vertrauten. Er kann Ihnen helfen, weil er Sie besser kennt als jeder andere in Ihrer neuen Umgebung.

— Sie erwarten eine Position, die für Sie richtig ist, die Ihrer Eignung und Persönlichkeit entspricht. Sie wissen selbst, daß Sie auf lange Sicht nur dann Erfolg haben werden. Denken Sie daran bei Absagen.

Profitiert haben Sie in jedem Fall, wenn Sie sich an diese Empfehlungen gehalten haben.

2. Gestalten Sie Ihre Bewerbung

Die Verpackung macht's

Der äußere Eindruck eingereichter Bewerbungsunterlagen ist sehr entscheidend für den Erfolg. Unsaubere oder zerfledderte Papiere lassen den Leser vermuten, daß der Bewerber in seiner Arbeitsweise ähnliches Verhalten zeigt. Geknickte, schlecht kopierte oder unleserliche Unterlagen, »Eselsohren« oder sichtbar korrigierte Schreibfehler fallen gegenüber vielen anderen sauberen und einwandfreien Bewerbungsunterlagen auf und werten den Inhalt ab. Nur wenige Personalleiter lesen trotz solcher unansehnlichen Aufmachung die Schreiben genau und prüfen den Inhalt sorgfältig. Die Chancen des Bewerbers sind deshalb sehr gering.

Also aufgepaßt: Saubere und attraktiv zusammengestellte Bewerbungsunterlagen einreichen! Auffallen durch Exaktheit und äußere Attraktivität ist – als der erste persönliche Eindruck – sehr wichtig.

10 Tips für die »Aufmachung« Ihrer Bewerbung:

1. *Schicken Sie nie vervielfältigte Bewerbungen (Ausnahme: Zeugniskopien).*
2. *Alle Kopien sollten das Format DIN A 4 haben*
3. *Verwenden Sie schlichtes weißes Papier.*
4. *Lassen Sie links und rechts jeweils 3 – 4 cm Platz. Machen Sie öfter Absätze.*
5. *Bewerbungen müssen sauber und fehlerlos sein.*
6. *Keine Tippfehler, Radierungen, Rechtschreibefehler, Eselsohren und Flecken.*
7. *Legen Sie alle Unterlagen in eine Klarsichthülle.*
8. *Verwenden Sie keinen zu kleinen Umschlag. Am besten sind DIN A 4-Umschläge.*
9. *Frankieren Sie richtig.*
10. *Wenn Sie in jedem Falle eine Antwort wünschen, legen Sie das Rückporto bei.*
    Zum Abschluß: Lassen Sie die Bewerbung ein paar Stunden liegen und lesen Sie sie nochmals gründlich durch!

Vollständigkeit der Bewerbungsunterlagen

Vielen Bewerbern ist noch nicht bekannt, was zu vollständigen Bewerbungsunterlagen gehört. Auch Führungskräfte, die später über Einstellungen entscheiden müssen, sind sich darüber oft nicht im klaren. Was gehört nun üblicherweise zu einer vollständigen Bewerbungsunterlage?

– Ein Anschreiben an das Unternehmen, bei dem man sich bewirbt. Dieses Anschreiben sollte Aufschluß geben über Anlaß und Gründe, die den Absender zu der Bewerbung veranlaßt haben.

– Ein kurz abgefaßter Lebenslauf, der Aufschluß über die einzelnen Etappen im Leben des Bewerbers gibt.

– Unterlagen über die zur Zeit vorhandene Qualifikation, bestehend aus Zeugnissen von wichtigen Ausbildungsabschlüssen und bisherigen Arbeitgebern.

Unterlagen in diesem Umfang werden jedem zugemutet. Auch von dem Handwerkshelfer oder der Bürohilfskraft wird erwartet, daß diese Unterlagen für die Überprüfung der Bewerbung eingereicht werden.

Die Bewerbung muß von vornherein deutliche Hinweise erhalten, wie sich diese Bewerbung von anderen unterscheidet. Unterlagen von Jungbewerbern, die nur aus Schulzeugnissen, Diplomen und dem Standard-Lebenslauf bestehen, wirken oft wie »leere« Blätter.

Also: Jeder Hinweis von Anfängern auf bisherige Praktika, Jobs in den Ferien oder einschlägiger Beschäftigung sind wichtig für den Leser.

Weitere Unterlagen, wie Referenzen, Foto über die eigene Persona, Handschriftprobe und ähnliches werden bei der ersten Bewerbung nicht erwartet, wenn in der Aufforderung – zum Beispiel Anzeige – nicht ausdrücklich danach verlangt wird.

Personalleiter werden immer wieder gefragt, ob es nicht ausreiche, zur ersten Kontaktaufnahme ein einfaches Anschreiben an die Firma zu richten. Bewerber möchten sich die Mühe des Zusammenstellens der ganzen Unterlagen ersparen und erst einmal feststellen, ob überhaupt Interesse für die ausführliche Bewerbung vorliegt.

Natürlich sind Unternehmen erfahrungsgemäß bereit, unter bestimmten Umständen mit dieser ersten Art der Kontaktaufnahme zufrieden zu sein. Dabei wird es sich immer um solche Fälle handeln, in denen entweder eine geringe Attraktivität des Unternehmens für Bewerber vorliegt und somit jede Kontaktaufnahme für das Unternehmen von großem Interesse ist, oder es handelt sich um Bewerbungen für Positionen, die im allgemeinen sehr schwer zu besetzen sind. In solchen Fällen werden die Personalabteilungen auch auf derartige Kontaktaufnahmen mit größerem Aufwand und Interesse reagieren.

Für attraktive Positionen werden in der Regel mehrere Bewerbungen zu erhalten sein. Die Praxis in den Personalabteilungen zeigt immer wieder, daß in solchen Fällen der Bewerber im Vorteil ist, der zugleich mit dem ersten Schreiben ein vollständiges Bild über seine Qualifikation wiedergibt. Sobald sich unter solchen Bewerbungen genügend qualifizierte Bewerber befinden, werden Bewerber mit kurzen Anschreiben vorerst vernachlässigt. Mitunter fällt dann schon die Entscheidung, bevor ausführliche Bewerbungsunterlagen von solchen Bewerbern nachgefordert werden. Hierbei besteht die Gefahr, daß ein qualifizierter Bewerber dadurch eventuell nicht zum Zuge kommt. Da oft eine Normalauslese — und nicht eine Bestauslese — im Vordergrund der Einstellungspolitik steht und auch die Schnelle der Entscheidungsfindung von Bedeutung ist, sind Bewerber ohne ausführliche Bewerbungsunterlagen in der Regel im Nachteil.

Es ist eine Tatsache, daß zu Zeiten größerer Arbeitslosigkeit von allen auf ein Stellenangebot eingehenden Bewerbungen in der Regel von den Personalabteilungen 10 % nur in die engere Wahl einbezogen werden. Dabei spielen mangelnde Vollständigkeit der Bewerbungsunterlagen, aber auch persönliche und fachliche Uneignung für die ausgeschriebene Position die entscheidende Rolle. Es ist für den Personalleiter immer wieder erstaunlich, wie viele von sich und ihren Fähigkeiten derart überzeugt sind, daß sie ungeniert auf jegliche Art von Stellenangeboten schreiben.

Bei der Prüfung der Vollständigkeit der eingereichten Bewerbungs-unterlagen ist vom Bewerber besonders darauf zu achten, ob zum Beispiel für jede im Lebenslauf angegebene wichtige Entwicklungs-station ein zugehöriges Zeugnis zur Verfügung steht. Festgestellte Unvollständigkeiten in den Unterlagen werden vom Personalleiter besonders vermerkt und im Vorstellungsgespräch angesprochen. Er-fahrungsgemäß zeigt keiner gerne Zeugnisse über Ausbildungsab-schlüsse oder Arbeitsverhältnisse, die nicht so erfolgreich verlaufen sind. Dieses Verhalten ist auch legitim, denn jeder Bewerber hat ein berechtigtes Interesse daran, sich nicht selbst schlechtzumachen. Be-werber müssen in solchen Situationen darauf vorbereitet sein, daß bei der Vorstellung das Zeugnis eventuell nachgefordert wird. Be-kanntlich kann man dies gern zusagen oder auch darauf hinweisen, daß es verlorengegangen ist. Wirklich schlechte Zeugnisse sollte der Bewerber aber letztlich nie zeigen.

Bewerbungsanschreiben

Es ist vorteilhaft, wenn die schriftliche Bewerbung ein Anschrei-ben enthält. Dieses Schreiben gibt aber den ersten Eindruck über den Bewerber wieder und muß dementsprechend vorteilhaft aus-sehen.

Wir wissen, daß sich aus der Form und dem Inhalt der Anschrei-ben bereits Vorurteile bei Lesern einstellen. Schreiben, die mit wenig Sorgfalt und sehr schlechter und unleserlicher Handschrift gefertigt worden sind, oder Anschreiben, die vom Inhalt her den Leser abschrecken, führen leicht dazu, die übrigen – vielleicht ganz guten – Bewerbungsunterlagen mit einer vorgefärbten Meinung zu betrachten und daher die gesamte Bewerbung im falschen Licht erscheinen zu lassen. Das gilt natürlich auch umgekehrt, und das sollte der Bewerber nützen.

Oft sind solche Anschreiben nur kurze Hinweise oder Höflich-keitsfloskeln. So zum Beispiel folgender Fall:

Sehr geehrte Herren,
ich möchte Sie höflich bitten zu prüfen, ob Sie für mich eine meiner
Qualifikation entsprechende Stelle in Ihrem Unternehmen zu
besetzen haben. Die beigefügten Anlagen geben Ihnen Aufschluß
über meine bisherige persönliche und berufliche Entwicklung.

    Ich würde mich freuen, wieder von Ihnen zu hören.
Mit freundlichen Grüßen

Wenn die Anlagen genügend Überblick über die Qualifikation
des Bewerbers bieten, muß ein solches Anschreiben vollkommen
ausreichend sein. Gilt das auch für folgendes Anschreiben?

Ich suche eine neue Stellung, weil ich mit meiner jetzigen nicht
zufrieden bin. Bitte prüfen Sie meine Unterlagen, ob Sie für mich
Verwendung haben.
Mit freundlichen Grüßen

Sicherlich würde auch dieses Anschreiben ausreichen, wenn die
Unterlagen ausführlich genug sind. Eine solche Form des Schreibens scheint aber zweckdienlicher als folgendes Anschreiben, dem
die entsprechenden Unterlagen nicht beigefügt sind:

Sehr geehrte Herren,
unter Bezugnahme Ihrer geschätzten Anzeige überreiche ich Ihnen
meine Offerte.
Durch langjährige Erfahrung mit allen vorkommenden werbetech-
nischen Aufgaben voll vertraut, bin ich an Ihrem Angebot sehr
interessiert. Dies besonders, da Sie sicher ein reiches und auch
vielseitiges Aufgabenfeld bieten, dem ich mit allen meinen Erfah-
rungen und Kenntnissen zum Nutzen Ihres Unternehmens dienen
kann.
Ich bin an ein dynamisches und verantwortungsbewußtes, selbstän-
diges Denken und Arbeiten ebenso gewöhnt wie an das Führen von
Mitarbeitern zur Durchführung größerer Aufgaben. Indem ich
mich für den vakanten Posten innerhalb Ihres Unternehmens emp-
fohlen habe, sehe ich einer eventuell positiven Stellungnahme und

*der Vereinbarung eines Vorstellungstermines mit großem Interesse
entgegen und verbleibe
mit freundlichen Grüßen*

Kurz, knapp und genügend informierend ist folgendes Anschreiben zu den Bewerbungsunterlagen:

*Sehr geehrter Herr Schwarz,
das angeführte Stellenangebot hat meine Aufmerksamkeit gefunden, so daß ich Ihnen meine Mitarbeit anbieten möchte.
Informationen über meinen beruflichen Werdegang und über meine Qualifikation entnehmen Sie bitte dem beigefügten Lebenslauf und den Zeugnisablichtungen.
Zur Zeit bin ich in ungekündigter Stellung als Projektleiter tätig und möchte mich aufgrund meiner beruflichen Planung verändern, um meine Kenntnisse in einer weiterführenden Tätigkeit einzusetzen und honoriert zu haben.*

*Mein Jahresgehalt beträgt zur Zeit 80 000 DM.
Sollten Sie aufgrund der beigefügten Unterlagen Interesse an meiner Bewerbung finden, sende ich Ihnen gern ergänzende Arbeitsproben und nenne Referenzen oder erwarte Ihre Einladung zu einem persönlichen Gespräch.
Mit freundlichen Grüßen*

Anlagen

Viele Bewerbungen zu lesen strengt sehr an. In Unternehmen, die viele Bewerbungen erhalten, neigen die Leser deshalb dazu, die letzten Bewerbungen mit geringerem Aufmerksamkeitsgrad zu lesen.

Jede Bewerbung kann einmal die letzte sein. Deshalb achten clevere Bewerber darauf, daß Ihre Bewerbung mehr Aufmerksamkeit erregt. Fachleute sprechen beim Aufbau eines solchen Anschreibens von dem Schema AIDA: Attention, Interest, Desire, Action. Das bedeutet: Aufmerksamkeit erlangen, Interesse erregen, den Wunsch nach näherem Kennenlernen wecken und den Leser zum Handeln veranlassen. Denken Sie darüber nach, wodurch Sie sich von anderen Bewerbern positiv unterscheiden können und schreiben Sie das.

Schreiben Sie etwas, was den Leser munter macht, was ihm auf-
fällt, was im Gedächtnis bleibt. Suchen und fundieren Sie »Aufhän-
ger« für das Interesse und das Gespräch.

Vermeiden Sie die Anrede »Sehr geehrte Damen und Herren«.
Rufen Sie die Telefonzentrale des Unternehmens an und fragen
Sie, an wen Sie sich wenden sollten.
Sprechen Sie den künftigen Arbeitgeber möglichst individuell
an. Orientieren Sie sich dabei an dem Produkt des von Ihnen
ausgesuchten Unternehmens. Sie machen Ihre Bewerbung wert-
voller, wenn Sie darauf eingehen, wie z. B.: »Sie stellen Produkte
her, die . . . . . Da ich im Unternehmen A beschäftigt war, habe
ich mit dem Produkt bereits Erfahrungen.«

Die Länge des Anschreibens verliert insbesondere an Bedeutung,
wenn die Unterlagen insgesamt vollständig sind. Dieser Weg ist für
den Bewerber günstiger, und er sollte darum das Anschreiben kurz
und knapp halten. Andernfalls verführt er den Leser nur zu Schlüs-
sen, die für ihn vielleicht zum Nachteil sein können. Auffallende
Ausführungen im Anschreiben machen aufmerksam und veranlassen den Arbeitgeber dazu, entstandene Vorurteile mit den übrigen
Bewerbungsunterlagen und insbesondere im Vorstellungsgespräch
besonders genau zu überprüfen. Ohne Unterlagen können ungünstige Anschreiben allerdings leicht dazu verführen, auf eine Nach-
forschung zu verzichten. Dazu ist der Arbeitgeber ebenfalls geneigt, wenn das Anschreiben eine Vervielfältigung ist und jegliche
persönliche Form vermissen läßt.

Bitte bedenken Sie: Ein richtiger deutscher Satz besteht zumindest aus einem Subjekt und einem Prädikat. Es lohnt sich sehr, Briefe
und Texte daraufhin zu untersuchen: Sind die Sätze wirklich vollständig? Stimmt die Satzstellung; »klingt« der Satz richtig? Erst anschließend kommt die Fehlersuche, und wenn Sie unsicher sind, lassen Sie sich dabei helfen! Es ist besser, Sie offenbaren einem Freund
oder Bekannten eine Schwäche, als Ihrem zukünftigen Chef. Er muß
es nicht unbedingt selbst besser können, aber meistens reicht es dafür, in Ihrem Brief Fehler zu finden!

Wenn Sie ohnehin einen Menschen einweihen in Ihre Unsicherheit (ich halte es für eine charakterliche Stärke), lassen Sie ihn oder sie den Brief laut vorlesen und hören Sie sich selbst zu: Ist das wirklich Ihre Sprache? Verstehen Sie auf Anhieb, was gemeint ist? Läßt sich die Aussage nicht einfacher formulieren? Vielleicht hat Ihr Freund oder Ihre Bekannte einen besseren Vorschlag?

Das Anschreiben ist das »erste Gespräch« mit dem Personalleiter. Es ist Ihre Visitenkarte! Es sollte enthalten:

Ihre Anschrift (mit Telefon-Nummer)
Datum
Anschrift des Betriebes/der Verwaltung
Betreff: Bewerbung um eine Ausbildungsstelle als . . .
Bezug: – zum Beispiel, wenn Sie sich auf eine Anzeige hin bewerben
Anrede: – falls Ihnen kein Name bekannt ist, verwenden Sie nicht die allgemeine Anrede »Sehr geehrte Damen und Herren«. Ermitteln Sie Namen!
Inhalt: – begründen Sie, warum Sie sich gerade für diese Stelle interessieren
    – weisen Sie auf Interesse und Kenntnisse hin, die für diese Stelle von Bedeutung sind
    – Privates interessiert nicht
Grußformel »Mit freundlichen Grüßen«
Unterschrift
Hinweis auf Anlagen

Zeugnisse

Es ist zwar manchmal die Meinung zu hören, daß Zeugnisse von anderen Arbeitgebern vielfach nur noch den Wert von Beschäftigungsnachweisen und für die Beurteilung der Bewerbung keinen wesentlichen Aussagewert haben sollen. Dabei wird unterstellt, daß die meisten Arbeitgeber die Zeugnisse nicht mehr mit genügend Sorgfalt anfertigen und nicht genug Wert darauf legen, daß der nächste Arbeitgeber eine echte Beurteilung des Arbeitnehmers erhält. Oder es wird geglaubt, daß Ausbildungsinstitute gute Zeugnisse leichtfertig vergeben (insbesondere bei der Erwachsenenbildung). Der Bewerber sollte sich dadurch nicht täuschen lassen; Zeugnisse werden zwar selten sehr sorgfältig geschrieben – manchmal zum Vorteil, aber oft zum Nachteil der Bewerber – aber sie werden meistens sehr genau gelesen.

Nach unseren Erfahrungen haben Zeugnisse in den meisten Fällen auch einen praktischen Aussagewert. Das gilt sowohl für die Ausbildungsabschlußzeugnisse als auch für die Zeugnisse der verschiedenen Arbeitgeber.

Es hat sich bestätigt:

– Ausbildung ist eine wichtige Voraussetzung für das berufliche Betätigungsfeld;
– gute Examensnoten ebnen den Aufstieg in höher dotierte Positionen.

Unbestritten ist auch die Tatsache, daß abgebrochene Schulausbildung oder das nicht beendete Studium an der Hochschule in der Regel als fehlende Energie, Interesse oder Begabung bewertet werden.

Abschlußzeugnisse von Ausbildungsstätten, insbesondere die der staatlichen Schulen, Fachoberschule oder Universität geben nach wie vor Aufschluß über eine Leistungsbestätigung des Bewerbers zu einem bestimmten Zeitpunkt. Das gilt weitgehend auch für alle anderen Ausbildungen, die mit einer staatlichen Prüfung enden, auch wenn solche Zeugnisse keinen absoluten Aussagewert haben, weil keiner das Niveau der Ausbildungsstätten beziehungsweise der Klassen vergleichen kann.

Da *Zeugnisnoten* für einen Leistungsvergleich im Rahmen der Bewerbung unbrauchbar sind, werden Personalleiter nicht Bewerber mit gleichen beruflichen Abschlüssen, aber von unterschiedlichen Ausbildungsstätten nach den Noten der Zeugnisse klassifizieren und für den Betrieb denjenigen aussuchen, der eine bessere Durchschnittsnote hat. Von dem Personalfachmann des Unternehmens, aber auch von der Führungskraft des anfordernden Fachbereiches ist jedoch zu erwarten, daß sie die erreichten Ausbildungsergebnisse in bezug auf die durchzuführende Tätigkeit im Unternehmen betrachten. Hier werden mit großer Wahrscheinlichkeit aus den Zensuren in bestimmten Schulfächern Schlüsse auf die individuelle Ausprägung bestimmter Eigenschaften gezogen, wie zum Beispiel:

naturwissenschaftliche Fächer, z.B. Mathematik, Physik, Chemie	Abstraktionsvermögen Konzentrationsfähigkeit
Fremdsprachen, Geschichte, Gemeinschaftskunde (Vokabeln, Lernen)	Willenseinsatz
Spiele, Sport	Einsatzfreudigkeit Anpassungsfähigkeit
Singen, Werken, Basteln künstlerische Fächer z.B. Musik, Malen	Phantasie, Kreativität

Insbesondere kann es für die Auslese Bedeutung haben, wenn sich besonders gute oder schlechte Noten in diesen Fächern über mehrere Schulzeugnisse wiederholen. Auch darauf sollte der Bewerber für höherwertige Positionen achten.

Weitere Aufschlüsse aus den Zeugnissen über Ausbildungen wird der Personalleiter ziehen, wenn die Leistungen während mehrerer Ausbildungsjahre allgemein immer über oder unter dem Durchschnitt lagen. Solche Ergebnisse werden schon ein Merkmal für die Auswahl der Bewerber sein. Dabei kommt es immer auf die Art des Arbeitsplatzes an. Für viele handwerkliche Arbeitsplätze spielen eben gute theoretische Leistungen eine untergeordnete Rolle oder können gar hemmend sein.

Ausbildungsergebnisse werden jedoch erfahrungsgemäß für das Gesamturteil nicht so hoch gewertet. Personalleiter wissen, junge Bewerber, die gerade von der Schule kommen, werden im Laufe der praktischen Tätigkeit im Unternehmen noch in vielfältiger Hinsicht ihre Neigungen und Veranlagungen entdecken und dadurch ihre Einsatzfreude und Leistungsfähigkeit gegenüber der Ausbildungszeit verändern. Bewerber, die bereits seit längerer Zeit aus der Schule sind und in der beruflichen Praxis stehen, werden bereits genügend Gelegenheit haben, ihr Können und ihre Leistungsfähigkeit unter Beweis zu stellen. Zeugnisse, die über Tätigkeiten und Ausbildungen an Arbeitsplätzen Auskunft geben, haben deshalb größeres Gewicht bei der Beurteilung der Qualifikation des Bewerbers.

Bewerber müssen sich die *Arbeitgeberzeugnisse* genau ansehen. Einmal, wenn sie diese erhalten, und dann auch vor der Vorlage beim neuen Arbeitgeber. Hier ist eine unverständliche Nachlässigkeit bei den Bewerbern festzustellen. Sie entdecken oft erst fehlende Angaben in ihrem Zeugnis, wenn sie beim Vorstellungsgespräch deswegen angesprochen werden. Doch dann ist es meistens zu spät. Mündliche Erläuterungen, Ergänzungen und Beteuerungen haben meistens die gegenteilige Wirkung bei einer Bewerbung. Der Personalleiter wird mißtrauisch. Deshalb muß sich jeder Bewerber seine Zeugnisse vor dem Einreichen ansehen und prüfen, ob alle für ihn vorteilhaften Angaben enthalten sind. Notfalls müssen fehlende Angaben vor der Bewerbung vom alten Arbeitgeber geholt werden, wenn dies nicht schon bei der Entlassung geschehen ist. Der Personalleiter liest die Zeugnisse genau und prüft, was der jeweilige Arbeitgeber sagen wollte. Dabei kommt es manchmal weniger darauf an, was im Zeugnis geschrieben steht, als vielmehr auf das, was weggelassen worden ist.

Ein qualifiziertes Zeugnis muß Auskunft geben über:
- Dauer der Tätigkeit
- Inhalt der Tätigkeit
- Beurteilungen der Leistungen in der beschriebenen Tätigkeit
- Beurteilung der Führung im Unternehmen
- Grund des Ausscheidens.

Nicht nur die im Zeugnis beurteilte Leistung und Führung wird mit Aufmerksamkeit gelesen, bereits aus der Dauer der Beschäftigung kann eine Beurteilung des Bewerbers erfolgen. Der neue Arbeitgeber ist interessiert, wie lange der Bewerber in den jeweiligen Unternehmen tätig war. Des weiteren interessiert, wie lange der Bewerber mit welchen Aufgaben beschäftigt wurde. Eine längere Beschäftigung mit einer bestimmten Tätigkeit läßt den Personalleiter darauf schließen, daß der Bewerber vertiefte Kenntnisse in diesem Fach gewonnen und sich darin auch bewährt hat.

Auch der *Termin des Ausscheidens* aus dem Unternehmen wird beachtet, wenn er nicht identisch ist mit dem Abschluß der üblichen Kündigungsfrist. Ein Ausscheiden an Tagen innerhalb des Monats oder Quartals führt zum weiteren Nachforschen.

Die *Beschreibung der einzelnen Tätigkeiten* bei den verschiedenen Arbeitgebern ist in den Zeugnissen fast immer vollständig. Mitunter bestehen für den Leser Schwierigkeiten, aus den Formulierungen die Anforderungshöhe und den Grad der Selbständigkeit und Verantwortung innerhalb der Tätigkeit zu erkennen. Doch gerade das ist wichtig. Fehlen solche Angaben, so werden diese Lücken mit Sicherheit im Vorstellungsgespräch erörtert, soweit es überhaupt dazu kommt.

Die interessanteste Stelle in den Zeugnissen der früheren Arbeitgeber ist die Aussage über die Leistungen. Hier gibt es zwar viele unklare Vorstellungen über die zweckmäßigste Form der Aussage, doch jeder Arbeitnehmer sollte spätestens bei seiner Bewerbung seine Zeugnisse prüfen und überlegen, was diese dem Leser über seine Leistungen sagen. Jeder Bewerber sollte wissen, daß viele Personalleiter die verschiedenen Formulierungen wie folgt übersetzen:

- sehr gute Leistungen:
  . . . hat die ihm übertragenen Arbeiten ständig zu unserer vollsten Zufriedenheit erledigt.
- gute Leistungen:
  . . . hat die ihm übertragenen Arbeiten stets zu unserer vollen Zufriedenheit erledigt.

- befriedigende Leistungen:
  . . . hat die ihm übertragenen Arbeiten zu unserer vollen Zufriedenheit erledigt.
- ausreichende Leistungen:
  . . . hat die ihm übertragenen Arbeiten zu unserer Zufriedenheit erledigt.
- mangelhafte Leistungen:
  . . . hat die ihm übertragenen Arbeiten im großen und ganzen zu unserer Zufriedenheit erledigt.

Diese Formulierungen berücksichtigen die Rechtslage, wonach ein Zeugnis nicht so formuliert werden darf, daß es dem Arbeitnehmer beim Fortkommen hinderlich ist.

In der Praxis ist auch oft festzustellen, daß Arbeitgeber bei mangelhaften Leistungen Aussagen über die Leistung des Mitarbeiters fortlassen. Viele Bewerber sind gut beraten, in solchen Fällen einfache Arbeitsbescheinigungen einem qualifizierten Zeugnis vorzuziehen. Andernfalls erkennt der Personalleiter in qualifizierten Zeugnissen doch recht schnell, daß die Leistungen nicht ausreichend waren. In solchen Fällen helfen sich die Personalabteilungen mit folgenden Formulierungen:

> »hat sich bemüht«
> »hat versucht«
> »hatte Gelegenheit, dies oder das zu tun oder kennenzulernen«

Oder es sind bestimmte positive Eigenschaften besonders betont und herausgestellt und für die Tätigkeit charakteristische Eigenschaften in ihrer Beurteilung vernachlässigt. Die Betonung zum Beispiel besonderer Genauigkeit läßt – ohne Aussagen über die Arbeitsmenge – in der Regel auf Mängel in der Arbeitsschnelligkeit schließen, wenn es sich um eine Tätigkeit handelte, in der in jedem Falle die Schnelligkeit wichtiger als die Genauigkeit war. Das gilt natürlich auch umgekehrt.

Auch eine besondere Bestätigung der Pünktlichkeit oder Ordentlichkeit in Zeugnissen bei sehr qualifizierten Bewerbern wird häufig als bewußte Abwertung gelesen. Mitunter erkennt der Leser an gedrechselten Formulierungen, daß etwas zu verbergen oder nur unklar auszudrücken war. Am meisten wird aber davon Gebrauch gemacht, den mangelhaften Teil der Tätigkeit in der Beurteilung zu vernachlässigen und dafür andere Qualifikationen, auf die es eigentlich bei der Tätigkeit gar nicht ankam, ganz besonders zu behandeln. Deshalb wird der Personalleiter beim Studium der Zeugnisse immer das Anforderungsprofil der angeführten Tätigkeit in Beziehung setzen.

In der Regel erfolgt die *Beurteilung der Leistung* im Zeugnis im Anschluß an die Beschreibung der Tätigkeit. Trotzdem ist immer wieder festzustellen, daß die Leistungsbeurteilung nicht zum Abschluß insgesamt vorgenommen wird, sondern jeweils abschnittsweise nach der Beschreibung der zeitlich nacheinander angeführten unterschiedlichen Aufgaben erfolgt. Diese Form kann ihren besonderen Aussagewert haben, wenn die Leistungen des Bewerbers in den verschiedenen Tätigkeiten unterschiedlich waren. Es ist durchaus möglich, daß die Leistungen bei minderwertigen Aufgaben sehr gut gewesen sein können und daher die Beförderung auf einen höherwertigen Arbeitsplatz erfolgte. Dagegen könnten die Leistungen in der letzten Tätigkeit nicht ausreichend gewesen sein, was dann zur Lösung des Arbeitsverhältnisses führte.

Die *Beurteilung der Führung* in den Zeugnissen wird von den Personalfachleuten unter ähnlichen Gesichtspunkten beachtet. Viele Unternehmen führen heute bereits nach modernen Führungsprinzipien. Eine größere Delegation der Aufgaben und stärkere Übertragung von Kompetenzen führen zu einer größeren Selbständigkeit und Freiheit an den Arbeitsplätzen aller Mitarbeiter. Die Beurteilung der Haltung des einzelnen wird daher interessanter. Auch die stärkere Mündigkeit und der leichtere Arbeitsplatzwechsel bei Vollbeschäftigung führen dazu, daß der Führung des Mitarbeiters im bisherigen Unternehmen vom neuen Arbeitgeber hohe Bedeutung beigemessen wird. Die Mitarbeiter sind nicht mehr in dem Maße wie früher gezwungen, sich unbeliebten Vorgesetzten unterzuordnen. Sie können offen ihre Meinung sagen und daher mehr als bisher konstruktiv oder destruktiv wirken. Das richtige Verhalten und die Einordnung in die veränderte betriebliche

Umwelt sind deshalb leistungsbestimmend und wichtiger Bestandteil eines aussagefähigen Zeugnisses.

Vollständige Zeugnisse enthalten daher ausführliche Aussagen über das *Verhalten innerhalb der Gruppe* und gegenüber der Führung. Mängel in dieser Beschreibung sollten dem Bewerber auffallen und auch dem neuen Arbeitgeber. Fehlende Informationen im Zeugnis werden Anlaß dazu sein, das Verhalten des Bewerbers in bestimmten Situationen im Vorgestellungsgespräch intensiver als üblich zu erforschen.

Fast alle qualifizierten Zeugnisse enthalten den *Grund des Ausscheidens.* Personalleiter wissen, nicht immer stimmt der angegebene Grund mit den Tatsachen überein. Trotzdem ist aus dem Zeugnis oft deutlich zu erkennen, wie schwer sich ein Unternehmen von einem Mitarbeiter trennte. Keinem Vorgesetzten fällt es ein, dem Ausscheidenden zu bescheinigen, daß dieser zum Bedauern des Unternehmens die Firma verläßt, wenn das nicht auch stimmt.

Schwer ist dagegen manchmal zu erkennen, wer der eigentliche Kündigende und was der Kündigungsgrund war.

Nur in seltenen Fällen, meist nur bei fristloser Entlassung, ist in den Zeugnissen vermerkt, daß der Arbeitgeber das Arbeitsverhältnis löste und der Kündigungsgrund angegeben. Hier werden Auswege gesucht, um dem Ausscheidenden beim Stellungswechsel nicht hinderlich zu sein. Da die Tatsache einer Kündigung durch das Unternehmen für die Beurteilung des Bewerbers von großer Bedeutung ist, versucht der Personalleiter aus den verbleibenden Formulierungen im Zeugnis diesen Umstand herauszufinden und bei der Vorstellung anzusprechen. Darauf muß sich der Bewerber gut vorbereiten. Es kann sich aber auch um eine wirkliche Kündigung durch den Arbeitnehmer handeln, die ihm nahegelegt wurde, um eine Kündigung durch den Arbeitgeber zu vermeiden.

Diese Tatsache ist für den Personalleiter gleichermaßen interessant. Oft erkennt er eine solche Situation daran, daß dem Zeugnis nicht zu entnehmen ist, welche Partei überhaupt das Arbeitsverhältnis gelöst hat.

Oder das Zeugnis spricht von »organisatorischen Gründen« oder »internen Reorganisationen« als Gründe für die Aufgabe der Tätigkeit. Meistens wird dies als vorgeschobener Grund beurteilt.

Auch das Ausscheiden im »beiderseitigen Einvernehmen« beziehungsweise »Einvernehmen« wird mißtrauisch beurteilt und veranlaßt meistens ein Nachforschen beim betroffenen Arbeitgeber.

Die meisten Zeugnisse enthalten die Formulierung »Ausscheiden auf eigenen Wunsch«. Aus ihr ist wenig zu entnehmen. Sie entspricht zwar meistens der Tatsache, insbesondere solange die Vollbeschäftigung und das damit einhergehende Abwerben anhält. Die Aussage führt den Betrachter jedoch nicht weiter. Er wird seine Information über den Grund der Kündigung anderen Stellen des Zeugnisses entnehmen.

Anders ist es, wenn der Arbeitgeber in Verbindung mit der Bestätigung des Ausscheidens die Formulierung verwendet »mit Bedauern« oder sogar »mit außerordentlichem Bedauern« hinzusetzt. In solchen Fällen glaubt der Personalleiter mit Sicherheit, einen guten oder sehr guten Bewerber vor sich zu haben. Formulierungen wie »wir verlieren...sehr ungern« werden genauso bewertet.

Lebenslauf

Wie die Erfahrungen zeigen, ist der Lebenslauf für den Personalleiter die geeignetste Unterlage, um einen schnellen Überblick über die Entwicklung des Bewerbers zu erhalten. Bei einem intensiven Studium wird er zu einer Fundgrube von Feststellungen, die in Verbindung mit den Zeugnissen und dem späteren Vorstellungsgespräch eine Beurteilung des Bewerbers ergeben.

Form und Inhalt des Lebenslaufes werden jedoch im Verhältnis zu den übrigen Unterlagen zum Vorstellungsgespräch manchmal überbewertet. Darauf muß der Bewerber achten. Manch einer entnimmt dem Schreiben doch sehr viel, obgleich es angezweifelt wird, daß der Lebenslauf wirklich einen genauen Einblick in die Entwicklung des Bewerbers, insbesondere in seine wesentlichen Lebensstrukturen und damit auch seine Charakterstrukturen gibt.

Der Bewerber muß sich überhaupt darauf einstellen, daß seine Bewerbung eben nicht nur von psychologisch geschulten Personalleitern gelesen und beurteilt wird. Oft sind die meisten Menschen, die sich in den Unternehmen mit der Einstellung von Personal beschäftigen müssen — und das sind sehr viele — überfordert. Bewerbungen werden in den meisten Unternehmen von Personalsachbearbeitern und Führungskräften der einzelnen personalanfordernden Bereiche analysiert und beurteilt. Diese sind eben in den wenigsten Fällen Psychologen, und die Überschätzung von Teilkenntnissen in der Psychologie kann sehr schnell zu Fehlurteilen führen. Bewerber sollten daher ihren Lebenslauf auch nicht mit ganzer Breite schildern, sondern für die Bewerbung einen Werdegang abgeben.

Vervielfältigte Lebensläufe führen zu dem Schluß, daß der Bewerber am laufenden Band Bewerbungen schreibt und nur sehr schwer eine Stellung findet. Viele Personalleiter erwarten, daß die Bewerbungsunterlagen eben nur für den besonderen einmaligen Fall der Bewerbung mit aller Sorgfalt erstellt worden sind. Daran ändert die oft anzutreffende veränderte Einstellung zum Beruf gerade bei jüngeren Bewerbern, in der Äußerlichkeiten wenig Bedeutung beigemessen wird und hinter nachlässig zusammengestellten Bewerbungen sich sehr qualifizierte Bewerber befinden können, nichts.

Oft wird noch der Lebenslauf in handschriftlicher Form verlangt. Solche Formulierungen werden in Anzeigen meist stereotyp wiederholt, ohne daß dabei immer an ein graphologisches Gutachten gedacht wird, und sie sind daher nicht so ernst zu nehmen. Solche Gutachten werden in bezug auf die große Anzahl Arbeitssuchender nur selten gefordert und dann meistens nur für Bewerber von Führungskräftepositionen. Der Bewerber macht selten etwas falsch, wenn er die handschriftliche Form vernachlässigt und die Schreibmaschine benutzt.

Personalfachleute kommen immer mehr zur Auffassung, daß Lebensläufe früherer Form, in denen möglichst ausführlich auf die Beweggründe der Veränderungen in den Stationen des bisherigen Lebens eingegangen wird, ihren Wert verloren haben. Heute reicht ein tabellarischer Lebenslauf aus, der ganz bestimmte Angaben enthalten muß und zum Beispiel folgendermaßen aussehen kann:

Lebenslauf

Name:	Hans Martin
geboren:	28. September 1948 in Berlin
Staatsangehörigkeit:	deutsch
Familienstand:	verheiratet/2 Kinder
Schulbildung:	4 Jahre Hauptschule
	9 Jahre Gymnasium/Abitur
	3 Jahre Wirtschaftsakademie,
	Betriebswirt (grad.) mit der Note »gut«
Berufsausbildung:	3jährige Lehrzeit im Beruf des Industriekaufmannes bei der Frima Wilfried Müller & Co., Maschinenfabrik in Hamburg; Lehrabschlußprüfung 1970 mit »gut« bestanden.
Berufsarbeit:	Nach der Lehrzeit weiterhin bei der Fa. Müller & Co., zunächst in der Abt. Betriebswirtschaft, später in der Korrespondenzabteilung tätig. Nach dem Besuch der Wirtschaftsakademie Eintritt am 1.4.1975 in die Reederei AG in Hamburg. Hier auch heute noch in ungekündigter Stellung als stellvertretender Leiter der Werbeabteilung beschäftigt.
Berufserfahrung:	Gründliche Kenntnisse auf den Gebieten: Werbung, Marktforschung, Statistik und Kostenrechnung.
	Besonderes Interesse gilt weiterhin der Werbung. Hier können überdurchschnittliche Erfolge nachgewiesen werden.
Sprachkenntnisse:	Englisch, perfekt, brauchbare französische und spanische Sprachkenntnisse.

Hamburg, am 17. Januar 1988

Folgende Darstellung der beruflichen Entwicklung eines Organisationsfachmannes ist sehr ausführlich und informativ. Sie hat den großen Vorteil, daß die maßgeblichen Aufgaben, an denen der Bewerber gearbeitet hat, aufgezählt und beschrieben sind. Der Leser kann sich eine gute Vorstellung davon machen, was der Bewerber für eine Qualifikation haben muß und welche Berufserfahrung im einzelnen vorhanden ist.

Lebenslauf

Persönliche Daten: Emil Nolte
Geboren: 12. April 1950 in Hamburg
Verheiratet seit Februar 1976
Ein Kind, geb. am 20. Januar 1980

Schulbildung, Ausbildung, Beschäftigung:

März 1966	Abschluß der Volksschule
Apr. 66 – Sept. 69	Lehre als Maschinenschlosser bei den Hamburgischen Electricitäts-Werken A.G. (Facharbeiterprüfung).
Okt. 69 – Jan. 70	Beschäftigt bei den Hamburgischen Electricitäts-Werken A.G. als Maschinenschlosser.
Febr. 70 – Juli 70	Vorsemester der Ingenieurschule Hamburg.
Okt. 70 – Sept. 72	Lehre als Bau- und Möbeltischler bei der Firma Fr. Abè in Hamburg (Gesellenprüfung)
Okt. 72 – Juli 75	Studium an der Ingenieurschule Hamburg, Fachrichtung: Allgemeiner Maschinenbau – Kerntechnik und Apparatebau (Ing.-Examen).
Sept. 75 – Aug. 77	Ausbildung als Beamter zum gehobenen technischen Verwaltungsdienst, Fachrichtung: Maschinenbau und Elektrotechnik, bei der Baubehörde der Freien und Hansestadt Hamburg (Techn. Inspektoren-Prüfung).
Sept.77 – Sept. 79	Beschäftigt als Planungs- und Rationalisierungsingenieur bei der Freien und Hanse-

stadt Hamburg – Baubehörde, Hauptabt. Stadtreingiung.

Unter anderem durchgeführte Projekte:
* Planung und Realisierung der Neuorganisation der Sperrmüllabfuhr in Hamburg.
* Ausarbeitung eines Systems für die Leistungsentlohnung bei der Großbehälter-Müllabfuhr.
* Untersuchungen über leistungsbezogene Entlohnung von Strafgefangenen in Hamburger Strafanstalten.
* Stellenuntersuchung für 180 Mitarbeiter in der Müllverbrennungsanstalt.

Okt. 79 – März 80   Beschäftigt in der Arbeitsvorbereitung der Firma Jungheinrich & Co., Maschinenfabrik Hamburg.
Durchgeführte Projekte:
* Planung und Einführung eines Verfahrens zur Materialdisposition für Serien- und Einzelfertigung.
* Erstellung der Arbeitsanweisungen für 35 Mitarbeiter der Arbeitsvorbereitung.

Seit April 1980   Beschäftigt bei der Firma BP A.G. in Deutschland – Datenverarbeitung und Organisation – als Organisator (seit 1.7.1981 als Projektleiter).
Unter anderem durchgeführte Projekte:
* Diverse Arbeitsplatzuntersuchungen und die damit verbundene Rationalisierung und Neugestaltung der Arbeitsabläufe bei Büroarbeiten.
* Untersuchung und organisatorische Planung zur Zentralisierung der Schreibdienste.
* Planung einer zentralen Schriftgutablage

für die Hauptverwaltungen in Hamburg
und Celle.

* Organisatorische Planung eines Büroneu-
baues für die Hauptverwaltung in Hamburg.

* Überprüfung und Neuorganisation des
Mineralölversandes der Raffinerien, einschließlich der automatisierten Versandda-
tenerfassung und -verarbeitung.

* Wirtschaftlichkeitsuntersuchungen über
Notwendigkeit und Einsatz von 250 Kraft-
fahrzeugen.

* Organisatorische Planung für die Einführung der gleitenden Arbeitszeit in den Ver-
waltungen.

* Überprüfung und Neuorganisation des
Materialwesens und der Werkstätten in
Deutschland und Österreich, einschließlich
der damit verbundenen EDV-Systeme.

* Wirtschaftlichkeitsuntersuchungen für den
Einsatz eines firmeneigenen Flugzeuges
und möglicher Alternativen.

* Untersuchung bestehender EDV-Systeme
und des daraus resultierenden Computer-
Outputs auf Zweckmäßigkeit und wirtschaftliche Nutzanwendung.

Besonderes:	
1976	REFA-Grundlehrgang der 1. Stufe an der Abendschule in Hamburg (REFA-Schein I). Lehrgang für das Work-Factor-Kurzverfahren – Vorbestimmte Zeiten (WF-Prüfung).
1977	REFA-Lehrgang der 2. Stufe am Kurt-Hegener-Institut in Darmstadt (REFA-Schein II). Praktikum in der Arbeitsvorbereitung der Firma Beiersdorf in Hamburg.
1977/1979	Spezialstudium an der Abendschule der Inge-

	nieurschule in Hamburg, Fachrichtung: Betriebsorganisation, Betriebswirtschaft und Fertigungstechnik (Abschluß-Examen).
1980	Lehrgang: Vordruckgestaltung und -verwendung bei Basten international, Aachen.
	Lehrgang: Methoden der Kostensenkung durch Büroorganisation am Institut Dr. Rosenkranz, Tegernsee.
1981/1982	Organisatoren-Grundausbildung und -Fachausbildung an der Akademie für Organisation in Gießen (Abschluß-Prüfungen).
1983	Verschiedene Lehrgänge zur EDV-Systemanalyse und zur Überprüfung der EDV-Organisation beim Deutschen Betriebswirtschaftlichen Institut in Tübingen.
Seit 1982	Diverse Publikationen zu organisatorischen Themen in Fachzeitschriften.
Seit 1983	Ständiger Mitarbeiter der Zeitschrift: Rechnungswesen, Datentechnik, Organisation.
	Zusammenarbeit mit einer Hamburger Unternehmensberatung auf dem Gebiet Mikrofilm/COM- und Registraturorganisation (daraus resultierend: Eigentumsrechte an verschiedenen Software-Paketen).

Die Analyse des Lebenslaufes wird in zweierlei Richtungen durchgeführt:

- Zeigt der Lebenslauf eine gewisse Kontinuität und Zielausrichtung?
- Zeigt der Lebenslauf eine gewisse Beharrlichkeit und Ausdauer in der beruflichen Entwicklung?

Das Studium vieler Lebensläufe zeigt dem Personalfachmann, daß ganz bestimmte Bewerber zielgerichtet eine bestimmte Tätigkeit oder Position anstreben, andere wiederum von anderen Motiven beim Stellenwechsel geleitet werden.

Auszüge aus zwei Lebensläufen sollen das Beispiel für derartige unterschiedliche berufliche Entwicklungen demonstrieren:

Oberschule bis zur 11. Klasse
Lehre als Elektriker
Fernfahrer (5 Jahre)
Schaffner im öffentlichen Verkehrsmittel (1 Jahr)
Lagerverwalter (5 Jahre)

oder Realschule
Lehre als Schlosser
Tätigkeit als Turbinenschlosser (6 Jahre)
Industriemeisterprüfung
Leiter einer Reparaturwerkstatt (2 Jahre)

Den Arbeitgebern ist in den meisten Fällen der Bewerber am angenehmsten, der in seiner schulischen und beruflichen Entwicklung eine Kontinuität in der Verfolgung eines bestimmten beruflichen Zieles erkennen läßt. Unstetigkeit und Unentschlossenheit, der Wechsel der Stellungen ausschließlich unter dem Gesichtspunkt eines höheren Einkommens oder sogar der Wechsel zwischen verschiedenen Berufen läßt den Arbeitgeber vermuten, daß die Einstellung des Bewerbers nur für kurze Zeit dem Unternehmen Nutzen bringen könnte.

Er wird erwarten, daß der Bewerber aus ähnlichen Gründen auch seine neue Tätigkeit wieder verläßt. Das schließt nicht aus, daß von dem Bewerber in den jeweiligen Tätigkeiten ausgezeichnete Leistungen erbracht werden. Die Personalleute sind aus wirtschaftlichen Gründen daran interessiert, Bewerber zu bevorzugen, bei denen mit einer längeren Betriebszugehörigkeit zu rechnen ist.

Aus gleichem Grunde ist auch die Ausdauer bei verschiedenen Ausbildungs- und Berufsabschnitten – auch bei kontinuitiver Entwicklung – ein Kriterium für eine Vorauswahl der Bewerber. Wenn Schul- oder Lehrausbildungen nicht abgeschlossen worden sind, spricht das genausowenig für eine genügende Ausdauer und Stetigkeit wie ein oftmaliger Wechsel zwischen den Arbeitgebern in kürzerer Zeit. Zur richtigen Bewertung solcher Entwicklungen sind allerdings noch wesentlichere Informationen notwendig. Stellt man beispielsweise in einem Lebenslauf fest, daß der Betreffende seine Arbeitsplätze sehr häufig gewechselt hat, so wird – zumindest in jüngeren Berufsjahren – daraus zweierlei entnommen: entweder wollte der Bewerber durch den häufigen Wechsel der Arbeitsstelle seine Berufserfahrung vergrößern, um sich möglichst weite Grundlagen für die spätere Berufstätigkeit zu erwerben, oder es fehlte ihm wirklich an Ausdauer und Beständigkeit, und er war bei Schwierigkeiten schnell bereit, aufzugeben und einen neuen Start zu versuchen.

Man sieht, zur richtigen Beurteilung solcher Fragen wird ein Studium der verschiedenen Zeugnisse der Arbeitgeber erfolgen. Erst die Prüfung einer Bewährung in den einzelnen Positionen und die Gründe des Arbeitsplatzwechsels werden dem Personalleiter Aufschluß über die Ausdauer und Tätigkeit des Bewerbers geben.

Wichtig zu wissen: Die mit der Auslese beauftragten Personen stellen sich bei der Analyse des Lebenslaufes folgende Fragen:

- Wie oft hat der Bewerber seine Ausbildungsstätten und Tätigkeiten gewechselt?
- Ist aus dem Wechsel eine Kontinuität und Zielrichtung zu erkennen?
- Hat er die begonnenen Ausbildungen auch beendet?
- Wie lange war die durchschnittliche Verweilzeit bei den unterschiedlichen Arbeitgebern?
- Welche Gründe führten zum Wechsel in verschiedenen Positionen?
- Gibt es zwischen den verschiedenen Ausbildungs- und Berufsabschnitten Lücken?
- Wurden berufliche Tätigkeiten zu nicht üblichen Kündigungsterminen beendet?
- Stimmen die Zeitangaben im Lebenslauf mit den Zeitabschnitten in den Zeugnissen überein?
- Fehlen für bestimmte Ausbildungs- oder Berufsabschnitte entsprechende Nachweise?
- Gibt es besondere Ereignisse im Leben des Bewerbers (zum Beispiel Geburt eines Kindes, Hochzeit, Scheidung und anderes mehr), die mit einem Wechsel der Ausbildung oder der Tätigkeit zusammenfallen?

– Was können die Gründe für die Bewerbung sein? Hat der Bewerber sich schon oft um einen Wechsel bemüht, oder ist er in einer Zwangssituation?

Durch die Beantwortung dieser Fragen erhält der Personalleiter einen guten Überblick über die Entwicklung des Bewerbers. Jeder Bewerber sollte seine Bewerbung auf diese Fragen hin prüfen und nach geeigneten Antworten suchen.

Personalfragebogen

Immer mehr Unternehmen gehen dazu über, neben den sonstigen Bewerbungsunterlagen von den Bewerbern ausgefüllte Personalfragebogen zu verlangen, um die Beantwortung aller für die erste Beurteilung des Bewerbers notwendigen Fragen zu erhalten. Es darf den Bewerber nicht wundern, daß sich die Fragebogen verschiedener Firmen unterscheiden und nur selten einheitliche Fragebogen von den Unternehmen verwendet werden. Betriebsindividuelle Situationen bringen die unterschiedlichen Fragen in die Personalfragebogen. Die Unternehmen messen verschiedenen Eigenschaften unterschiedliche Bedeutung bei, was sich in der Fragestellung widerspiegelt. Auch eine ständige Anpassung an die veränderte Arbeitsmarktlage prägt den Inhalt für die Fragebogen.

In der Regel erhält der Bewerber den Personalfragebogen zum Ausfüllen, nachdem er sich persönlich oder schriftlich bei der Firma beworben hat. Wenn bereits ausführliche schriftliche Bewerbungsunterlagen zur Verfügung stehen, legen die Personalleitungen nicht so großen Wert darauf, daß die Angaben zur Ausbildung, zu den verschiedenen Arbeitsverhältnissen und anderen Fragen nochmals wiederholt werden, weil Bewerber ein solches Verfahren als bürokratisch und formalistisch empfinden und dann dazu neigen, dem Betrieb skeptisch gegenüberzustehen.

In den Fällen, in denen sich Bewerber in dem Unternehmen vorstellen, ohne vorher entsprechende Bewerbungsunterlagen eingereicht zu haben, wird von den Bewerbern oft erwartet, daß sie den

Personalfragebogen ausfüllen und die üblichen Bewerbungsunterlagen dazu einreichen, bevor das Vorstellungsgespräch vertieft wird.

In vielen Unternehmen wird dem Fragebogen ein hoher Wert beigemessen. Man geht davon aus, daß der Bewerber in dem Fragebogen eher geneigt ist, wahrheitsgemäße Angaben zu machen als im Gespräch, zumal er in der Regel seine Angaben unterschreiben und dabei bestätigen muß, daß er wahrheitsgemäß vorgegangen ist. Der Bewerber muß darauf achten, daß keine Unterschiede zwischen den übrigen Bewerbungsunterlagen und dem Fragebogen festzustellen sind. Das wird oft geprüft. Viele Bewerber sind geschickt genug, ungleiche Angaben zu vermeiden – auch wenn sie nicht ganz der Wahrheit entsprechen – und sich darauf zu verlassen, daß den Angaben Glauben geschenkt wird. Sie müssen allerdings nicht jede Frage im Personalfragebogen beantworten, wenn Sie glauben, daß Sie die Frage nicht zu beantworten brauchen, weil sie z. B. zu intim ist. Gegebenenfalls werden Sie im Vorstellungsgespräch darauf angesprochen.

Im Personalfragebogen immer wieder anzutreffen sind:
- Gekündigtes oder ungekündigtes Arbeitsverhältnis
- Kündigungsfrist und Termin
- Frühester Eintrittstermin
- Fristablauf einer eventuell bestehenden Konkurrenzklausel
- Grund für den Wechsel
- Grund für die Bewerbung in diesem Unternehmen
- Hat sich der Bewerber bereits einmal im Unternehmen beworben?
- Woher kennt der Bewerber das Unternehmen, aufgrund welcher Empfehlung bewarb er sich für diese Stellung?
- Angaben über Schwerbeschädigung, Erwerbseinschränkungen
- Einkommenswunsch
- Bisheriges Einkommen
- Bereitschaft zur Schichtarbeit (wenn nötig)
- Bereitschaft zur Versetzung
- Wird eine Wohnung benötigt? Wenn ja, Größe und Mietpreis
- Welcher Krankenkasse angehörig?
- Eventuell Anwartschaften auf betriebliche Altersversorgung aus bisheriger Tätigkeit?
- Angabe eines Bankkontos für Lohn- bzw. Gehaltsüberweisung
- Angaben über Wehrpflicht

Fragerecht und Offenbarungspflicht

Muß der Bewerber im *Fragebogen* wirklich nur die Wahrheit schreiben?

»Das Bundesarbeitsgericht hat grundsätzlich festgestellt, daß eine falsche Antwort jedenfalls dann keine arglistige Täuschung bedeute, wenn bereits die Frage unzulässig gewesen sei. Mit dieser Entscheidung soll die Unantastbarkeit der rechtlich geschützten Intimsphäre gewahrt und indiskreten Fragen vorgebeugt werden. Das bedeutet jedoch nicht, daß das Interesse des Arbeitgebers, sich ein Bild von dem künftigen Mitarbeiter zu machen, unberücksichtigt bleibt. Er darf nach allen Umständen fragen, die für die ausgeschriebene Stellung objektiv von Bedeutung sind.

Im einzelnen gelten folgende Grundsätze:

1. Vorstrafen

Im allgemeinen ist ein Bewerber nicht verpflichtet, Vorstrafen oder die Beteiligung an einem noch schwebenden Strafverfahren von sich aus zu offenbaren. Etwas anderes gilt nur dann, wenn es sich um eine besondere Vertrauensstellung oder um eine für den betreffenden Arbeitsplatz einschlägige Vorstrafe handelt, wie z.B. Vermögensdelikte beim Kassierer oder Verkehrsdelikte beim Berufskraftfahrer.

2. Krankheiten

Wie bei Vorstrafen, so besteht für den Arbeitnehmer auch bei Krankheiten keine generelle Offenbarungspflicht.

Sie kann sich aber aus der Art der Arbeit oder dem Wesen des betreffenden Beschäftigungsverhältnisses ergeben. Sie ist z.B. zu bejahen, wenn sich ein an einer Hautkrankheit oder Tuberkulose erkrankter Arbeitnehmer um eine Tätigkeit in einem Lebensmittelgeschäft bewirbt.

3. Schwangerschaft

Obwohl Schwangere nach dem MuSchG Arbeitgebern die Schwangerschaft anzeigen sollten, besteht bei der Vorstellung und Einstellung keine generelle Verpflichtung, von sich aus den Arbeitgeber auf die bestehende Schwangerschaft hinzuweisen. Fragen dazu sind nach EG-Recht unzulässig.

4. Schwerbehinderteneigenschaft

Für die Offenbarungspflicht des Arbeitnehmers hinsichtlich Schwerbehinderteneigenschaft und der sich aus dieser kausal ergebenden Beschwerden gelten sinngemäß die Ausführungen über Krankheit. Die Frage ist unzulässig. Aber:
Fragt der Arbeitgeber nach der Schwerbehinderteneigenschaft und kann die Arbeit bei bestimmten Behinderungen nicht in vorgeschriebener Art und vollem Umfang ordnungsgemäß ausgeführt werden, so besteht für den Bewerber eine diesbezügliche Offenbarungspflicht.

Fragen nach der
- Gewerkschaftszugehörigkeit
- Parteizugehörigkeit
- Konfessionszugehörigkeit

sind normalerweise unzulässig.

Wenn diese Fragen dennoch gestellt werden, muß der Bewerber je nach Situation entscheiden, wie er sich verhält. Er macht sich im Normalfall nicht schuldig, wenn er die Beantwortung im Fragebogen unterläßt.

Im persönlichen Gespräch kann er der Antwort ausweichen, wenn er sie nicht geben will. Allerdings ist es taktisch unklug für den Bewerber, die Antwort mit Bezug auf die Nichtzulässigkeit der Fragestellung zu verweigern, wenn es dafür keinen für ihn wichtigen Grund gibt. Denn ein solches Verhalten könnte vom Arbeitgeber zu seinem Nachteil interpretiert werden.

Falsche Angaben werden hier und dort immer wieder entdeckt. Nicht nur im Personalfragebogen, sondern auch in den sonstigen

Bewerbungsunterlagen. Vorsichtige Personalleiter verhalten sich deshalb wie folgt, worüber sich ein Bewerber nicht wundern sollte:

1. Eine definitive Zusage über die Einstellung eines Bewerbers erfolgt erst dann, wenn dieser alle Angaben im Lebenslauf und im Bewerbungsbogen durch Vorlage von Originalunterlagen nachgewiesen hat.
2. Anfrage bei früheren Arbeitgebern des Bewerbers.
3. Vereinbarung einer Probezeit, während der eine Kündigung von seiten des Arbeitgebers im Rahmen der gesetzlichen Bestimmungen möglich ist.

Vor wahrheitswidrigen Angaben kann nur eindringlich gewarnt werden. Besser ist es, Ungünstiges wegzulassen.

Bilder machen Leute

Von vielen Firmen wird in Verbindung mit den Bewerbungsunterlagen von den Bewerbern u. a. noch eine Fotografie verlangt.

Sicherlich ist es für eine kundenorientierende Tätigkeit wichtig, welches Aussehen und welche Sympathieausstrahlung der Bewerber hat. Hier kann der äußere Eindruck schon die erfolgreiche Tätigkeit beeinflussen, und man benutzt mit Absicht die Klischee-Vorstellung der breiten Masse vom sympathischen Menschen. In anderen Fällen ist ein Paßbild zur Beurteilung des Bewerbers unnötig. Und dennoch werden sie oft von den Bewerbern verlangt. Dahinter steckt möglicherweise die Überzeugung, daß einem Menschen sein Wesen ins Gesicht geschrieben ist. Als könnte man aus dem Foto gleichsam auf einen Blick Näheres über den Bewerber erfahren, sich also ein Bild von ihm machen, bevor man persönlich mit ihm in Berührung gekommen ist.

Mit Sicherheit kann nicht von mimischen Zügen, dem Gesichtsausdruck oder Haartracht auf die Leistungsfähigkeit des Dargestellten geschlossen werden. Solche Fotografien erzeugen bei dem Betrachter eher Analogieschlüsse und Vorurteile, die eine objektive Beurteilung der Bewerbung verschlechtern. Kluge Bewerber werden daher keine oder nur dann Paßfotos beilegen, wenn sie wissen, daß dadurch für sie günstige Vorurteile bei dem Betrachter ausgelöst werden können. Doch Vorsicht dabei. Das Bewerbungslichtbild stellt einen subjektiven Wahlakt des Bewerbers dar. Personalleiter sagen: So wie er auf dem Lichtbild dargestellt ist, bejaht er sich selbst. Deshalb ist es besser, im Zweifel auf Fotos zu verzichten, auch wenn in der Anzeige oder im Personalfragebogen anderes steht.

Anders ist das, wenn das Foto sehr vorteilhaft aussieht. Dann sollten Sie das Foto unbedingt beilegen. Aber bitte kein »Ganzkörperfoto« – nur ein Foto vom Gesicht.

Das Lichtbild bitte vom Profi herstellen lassen, kein Automatenphoto! Und das Lichtbild bitte auf der Rückseite mit dem Namen versehen und auf dem Anschreiben links oder rechts oben aufkleben.

Referenzen?

Vorsicht ist gegenüber der Forderung nach Referenzen anzumelden. Wenn wir die besonderen Kriterien für die Auswahl von oberen Führungspositionen vernachlässigen und die Masse der sonstigen Positionen im Unternehmen betrachten, so verzichten kluge Personalleiter auf die Angabe von Referenzen, weil sich doch keiner die Mühe macht, den einzelnen Referenzen nachzugehen.

Werden von Ihnen dennoch Referenzen ausdrücklich gefordert, so gibt der kluge Bewerber nur solche Personen an, von denen er erwarten kann, daß sie Positives glaubwürdig über ihn aussagen. Doch Sie müssen darauf achten, daß Sie diese Referenzgeber auch informieren, damit diese nicht aus Überraschung oder Überzeugung Negatives aussagen.

Aussagen anderer Personen für die Beurteilung des Bewerbers sind für den Personalleiter nur dann aussagekräftig, wenn
– sie persönlich von ehemaligen Vorgesetzten kommen,
– die Information bei einem direkten Gespräch eingeholt wird, nicht schriftlich.

Trotzdem verwenden Unternehmen zum Einholen von Referenzen vorgedruckte Formulare. Andere Unternehmen versuchen mit einem persönlich gehaltenen Schreiben nähere Informationen über die wirkliche Qualifikation des Bewerbers bei vorherigen Arbeitgebern zu erfahren. Hier braucht der Bewerber nichts befürchten.

Diese Wege sind nicht besonders erfolgversprechend. Arbeitgeber werden in solchen Fällen auf die erteilten Zeugnisse verweisen, um sich nicht der Gefahr auszusetzen, sich durch verschiedene Aussagen zu widersprechen. Gerade bei schriftlichen Angaben werden Personalfachleute sehr vorsichtig sein, um evtl. Regreßansprüche zu vermeiden. Um aussagefähige Informationen von fremden Arbeitgebern zu erhalten, wird von Personalabteilungen eine kluge Fragetechnik verwendet, die auch von den anderen – insbesondere Personalleitern – verstanden wird. Hier wird teilweises Schweigen des Befragten bereits aufschlußreich sein. Es hilft dem Fragenden z. B. auch sehr, wenn er nur die betrieblich übliche Klassifizierung der Leistungs- und Führungs-Beurteilungen in Zeugnissen beim früheren Arbeitgeber erfährt. Der frühere Arbeitgeber wird gern dazu bereit sein zu erklären, welche Qualifikationsstufen üblicherweise in den Zeugnissen verwendet werden. Hier bleibt es dem Betrachter dann selbst vorbehalten, die Antworten mit dem vorliegenden Zeugnis in Verbindung zu bringen.

Sind Sie gegenüber denjenigen Unternehmen skeptisch, die über Sie bei Ihrem Arbeitgeber Erkundigungen einholen, ohne Sie vorher zu befragen. Verweisen Sie ausdrücklich bei der Angabe von Referenzen darauf, wenn eine Referenzeinholung Ihre vorherige Billigung erfordert. Im Zweifel tun Sie immer besser daran, keine Referenzen anzugeben.

Arbeitsproben

Etwas Besseres kann Ihnen nicht geschehen, als gute Arbeitsproben Ihres Könnens zur Verfügung zu haben, z. B. eine preisgekrönte Arbeit, Veröffentlichungen oder Ihre Diplomarbeit mit einem Thema, das Ihre Qualifikation für die ausgeschriebene Stelle beweist. Bieten Sie solche Arbeitsproben im Anschreiben an, ohne diese bereits beim ersten Kontakt mitzusenden. Das sind Unterlagen für das erste Vorstellungsgespräch.

Antwortbogen zur Bewerbung

Nichts ist unerfreulicher, als keine Antwort vom Arbeitgeber auf die abgeschickten und ausführlich zusammengestellten Bewerbungsunterlagen zu erhalten. Doch es kommt leider immer wieder vor.

Die Unterlagen haben Arbeit und Geld gekostet. Und: Sie sollten sehen, daß Sie diese für andere Bewerbungen zurückerhalten. Doch wie machen Sie das?

Ganz einfach: Sie fügen Ihrer Bewerbung einen besonderen Antwortbogen und einen frankierten, an Sie adressierten Briefumschlag bei. Das hilft meistens. So erhalten Sie schnell eine Nachricht und Ihre Unterlagen zurück.

Die Abbildung zeigt Ihnen, wie Sie ein solches Schreiben formulieren können.

Antwortbogen zu meiner Bewerbung

Sie haben wenig Zeit. Zu Ihrer Erleichterung habe ich diesen Bogen beigefügt. Bitte sind Sie so freundlich und schicken Sie ihn mir ausgefüllt in dem beigefügten, frankierten Umschlag zurück. Vielen Dank.

- Wir sind an Ihrer Bewerbung interessiert und werden uns nach eingehender Prüfung wieder bei Ihnen melden. ☐

- Wir benötigen von Ihnen weitere Unterlagen zur Beurteilung: ☐
. . . .

- Wir möchten Sie gern persönlich kennenlernen. ☐
Bitte rufen Sie uns unter der Tel.-Nr. . . . . an, um einen Vorstellungstermin zu vereinbaren.

- Wir haben keinen Arbeitsplatz frei, der Ihren Tätigkeiten und Neigungen entspricht. ☐

Fassen wir kurz zusammen, was Sie nicht falsch machen dürfen:

Zehn Todsünden bei Bewerbungen

1. Der Bewerber läßt eine sinnvolle Karriereplanung vermissen. Die ausgeschriebene bzw. angestrebte Position paßt überhaupt nicht in den Werdegang des Bewerbers. Es fehlt ihm ein klares berufliches Ziel, das auf seinen Fähigkeiten, Interessen und auf seinen persönlichen Wertvorstellungen beruht.

2. Es fehlt das individuelle Eingehen auf die Anzeige. Der Bewerber (als Berufsanfänger) hat Tätigkeit und Branche für den beruflichen Start nicht extrem sorgfältig ausgewählt und sich somit an den Anforderungen der Position vorbeibeworben. Er erfüllt nicht die genannten Anforderungen und verletzt das Prinzip des »marktüblichen« Verhaltens.

3. Der Bewerber begründet im Anschreiben nicht, was sein Interesse an der ausgeschriebenen Position geweckt hat.

4. Der Bewerber äußert sich – offen oder versteckt – negativ über den früheren oder jetzigen Arbeitgeber (bzw. die Ausbildungsstätte).

5. Der Bewerber bewirbt sich handschriftlich, wo es nicht ausdrücklich verlangt wird. Er macht dabei orthographische und Satzzeichenfehler; er kann englische und französische Fremdwörter nicht richtig schreiben (und aussprechen).

6. Der Bewerber benutzt naßforsch-arrogante Formulierungen oder er will sich durch geistreiche Sätze profilieren.

7. Der Bewerber benützt einen vervielfältigten Lebenslauf. Er läßt im Lebenslauf einzelne Zeitabschnitte unerwähnt bzw. unerläutert; er vergißt, zusätzlich besuchte Kurse anzugeben.

8. Der Bewerber benutzt ein schlechtes Amateurlichtbild als Bewerbungsfoto.

9. Der Bewerber versäumt, vor allem seine guten Zeugnisse (in Kopie) als Anlage beizufügen.

10. Der Bewerber nimmt allgemein die Details nicht wichtig genug. Er drückt sich nicht hinreichend sachlich aus.

Nehmen Sie die schriftliche Bewerbung sehr ernst, sie ist vorentscheidend.

Bewerbungsunterlagen geben einen ersten wichtigen Hinweis auf die Eignung des Bewerbers. Die Analyse der Bewerbungsunterlagen hat zwei Aufgaben:

1. Sie soll Aufschluß darüber geben, welche Bewerber aufgrund ihrer bisherigen Ausbildung und Tätigkeit in keinem Falle fachlich in der Lage sind, die ausgeschriebene Position auszuüben.

2. Die Bewerbungsunterlagen sollen dem Personalfachmann Information für ein intensives und erfolgreiches Vorstellungsgespräch liefern.

Jeder Bewerber sollte wissen, daß bis zu 90 Prozent der Bewerbungen von den Firmen abgesagt werden und nur in ca. 10 Prozent Vorstellungsgespräche geführt werden. Um zu den 10 Prozent zu gehören, müssen die Bewerbungsunterlagen ordentlich, vollständig, aussagefähig und in irgendeiner Hinsicht besonders oder auf die zu besetzende Stelle bezogen auffällig sein, und zwar möglichst gleich bei der ersten Kontaktaufnahme. Dann ist die Gewähr für ein persönliches Gespräch meistens gegeben, indem es oft schneller gelingt, den Suchenden von der eigenen Eignung zu überzeugen.

3. Gestalten Sie Ihren persönlichen Auftritt

Es ist sehr häufig zu beobachten, daß von den Bewerbern den äußeren Voraussetzungen für das Vorstellungsgespräch zuwenig Beachtung geschenkt wird. Es reicht nicht nur aus, gute Bewerbungsunterlagen einzureichen. Für ein erfolgreiches Vorstellungsgespräch ist neben diesen notwendigen Vorbereitungen für einen günstigen äußeren Eindruck zu sorgen, genügend Zeit einzuplanen und vor allem sich selbst über seine Ziele klarzuwerden.

Klarheit herbeiführen

Ein Stellenwechsel bedeutet manchmal eine Schicksalsentscheidung. Er will gut überlegt und vorbereitet sein. Ob arbeitslos oder angestellt, ein neuer Arbeitsplatz muß gewollt sein, muß passen, soll Zufriedenheit bringen auf lange Zeit.

Deshalb sollte sich jeder potentielle Bewerber einige Fragen selbst *vorher* beantworten, bevor er zum Vorstellungsgespräch geht. Vielleicht sind diese Fragen und Antworten mit dem Ehepartner, dem Freund oder einer anderen Person des eigenen Vertrauens ehrlich zu diskutieren. Dröll hat dazu in der FAZ einen Fragenkatalog veröffentlicht, der hier auszugsweise wiedergegeben werden soll, weil er sehr nützlich sein kann:

Vorfragen und Hintergrundfragen

1. Können Sie sich einen Wechsel des Arbeitsplatzes nicht nur vorstellen, sondern sind Sie wirklich bereit zu handeln?
2. Gibt es Gründe, die Sie an bestimmte Positionen oder an bestimmte Orte binden?
3. Haben Sie noch einen »inneren Kontakt« zu Ihrer Firma, oder sind Ihre »Koffer« schon reisefertig gepackt?
4. Wie stark sind Sie durch Kündigungsfristen gebunden, welche Möglichkeiten haben Sie, diese Fristen zu verkürzen?
5. Könnte Haus- und Grundbesitz Sie in der Frage eines Positionswechsels hemmen, oder könnten Sie Ihre Besitzverhält-

nisse den Erfordernissen Ihrer Berufslaufbahn unterordnen?

6. Können Sie den Wechsel Ihrer Familie zumuten, sind alle verständigt und positiv einverstanden?

7. Wie sieht Ihre Eigenmotivation – Ihr Fangnetz – aus für den Fall, daß die Vorstellung nicht zur Einstellung führt und zunächst alles beim alten bleibt?

8. Wie sehen Ihre Gründe für den Wechsel aus, wie würden Sie diese in einem Vorstellungsgespräch darstellen? – Beispiele: Keine Aufstiegschancen / Höhere Bezüge in einer neuen Position / Mißerfolge in der jetzigen Position / Weitsichtige Laufbahnplanung mit klaren Zielen. / Ärger mit dem/den Vorgesetzten.

9. Haben Sie sorgfältig alle Gründe geprüft, die gegen einen Wechsel sprechen, und sind alle diese Gründe nicht so schwerwiegend, daß Sie in letzter Konsequenz dann doch den Ausschlag geben könnten für ein Verbleiben in der derzeitigen Position?

Zielfragen

10. Was möchten Sie in 5/10/15 Jahren erreicht haben, welche Position möchten Sie dann innehaben, wie alt sind Sie dann?

11. Was möchten Sie in 3/5/10 Jahren verdienen, welche Gehaltssteigerung müßte dementsprechend eine neue Position bringen?

12. Könnten Sie diese Ziele auch in Ihrem jetzigen Unternehmen verwirklichen?

13. Was hindert Sie, Ihr Ziel schon heute zu erreichen, was hindert Sie in Ihrem derzeitigen Unternehmen daran?

14. Wann muß nach Ihrer Meinung der entscheidende Durchbruch nach oben für Sie geschafft sein, und welche Zwischenstufen müssen Sie noch durchmachen?

15. Sind Sie vielleicht schon am Ende Ihrer Laufbahn, oder sehen Sie nur zur Zeit kein Weiterkommen?

16. Wie verhaftet sind Sie an vorgefaßte Laufbahnvorstellungen?

17. Haben Sie in Ihrem Beruf in fünf Jahren noch Chancen weiterzukommen, wie zukunftssicher ist Ihr jetziger Beruf?

18. In welcher Form wollen Sie kündigen? – Mit welcher Begründung?
19. Wollen Sie alle Brücken abbrechen oder können Sie sich eine Rückkehr vorstellen?
20. Könnte ein offenes Abschlußgespräch für Sie sinnvoll sein?
21. Wie weit wollen Sie Ihren jetzigen Arbeitgeber informieren über möglichen neuen Arbeitsplatz und Arbeitgeber und von der Möglichkeit Ihres Ausscheidens?
22. Könnte ein gutes Verhältnis zu Ihrem jetzigen Arbeitgeber für Sie in der neuen Position nützlich sein, wie muß dann Ihre Abschiedsvorstellung aussehen?
23. Haben Sie sorgfältig geprüft, welche Chancen Sie bei einer schriftlichen Bewerbung in Ihrer jetzigen Firma hätten, um weiterzukommen?
24. Können Sie sich überhaupt bei anderen Firmen der gleichen Branche bewerben, könnte das wegen der Konkurrenzverhältnisse als »Fahnenflucht« verstanden werden?
25. Wie hoch ist das Indiskretions-Risiko durch Personalleitertreffen/-kreise/-essen innerhalb der Firmen Ihrer Branche?

Zeit haben – pünktlich sein

Der Bewerber muß »*sehr pünktlich*« sein und darf keinen abgehetzten Eindruck beim Eintreffen hinterlassen.

Er ist so zeitig, daß er am Ort der Vorstellung noch Zeittoleranz hat, d.h. nochmals 10 Minuten um das »Haus« gehen kann, sich gedanklich sammeln und auf die Fragen vorbereiten kann.

Das bedeutet, die Fahrzeit großzügig einplanen! Auch Stockungen im Verkehr und Fahrplanänderungen sind einzuplanen. *Eine Vorstellung, zu der der Bewerber zu spät kommt mit der Entschuldigung*

– habe keinen Parkplatz gefunden
– der Zug hatte Verspätung
– habe die Straße nicht gleich gefunden o.a.m.

ist miserabel und verschlechtert den ersten Eindruck. 2 bis 3 Stunden Zeit muß der Bewerber für das Gespräch schon einplanen. Bei Führungskräften reicht für die Vorstellung oft ein Tag nicht aus.

Es ist auch wichtig, dem Personalleiter oder anderen Interviewern den Eindruck zu vermitteln, daß wirklich genügend Zeit vorhanden ist. Das bedeutet, daß der Bewerber nicht einen hektischen Eindruck hinterlassen darf, unruhig auf die Uhr sieht und schon an die Rückreise denkt.

Meist werden Sie beim Pförtner von einer Sekretärin abgeholt, manchmal von Ihrem Gesprächspartner selbst. Merken Sie sich die Namen der Personen, mit denen Sie in Kontakt kommen, insbesondere den Namen der Sekretärin. Die persönliche Anrede schafft von Anfang an eine entspanntere Atmosphäre. Der Name Ihres Gesprächspartners steht vermutlich im Einladungsschreiben, den der Sekretärin kennen Sie eventuell schon von der Terminabsprache her.

Hat der Bewerber voher rechtzeitig und ausreichende Bewerbungsunterlagen zur Verfügung gestellt, wird das Vorstellungsgespräch schneller gehen. Der Personalleiter wird bereits innerhalb der ersten halben Stunde feststellen können, ob sich eine Vertiefung und Fortsetzung des Gesprächs lohnt. Der Bewerber muß daran interessiert sein, daß in den Fällen, in denen der erste Eindruck und die ersten Informationen gegen eine Einstellung zu sprechen scheinen, das Gespräch nicht zu schnell abgebrochen wird. Mehrere längere Gespräche können die Chancen für den Bewerber erhöhen. Erfahrungsgemäß erhalten auch die Bewerber oft erst nach längerer Gesprächszeit, nach Gesprächen mit mehreren Führungskräften oder künftigen Kollegen diejenigen Informationen, die zu einer ausgewogenen Entscheidung notwendig sind. Dabei spielt auch eine Rolle, daß viele Bewerber eine längere Zeit benötigen, um ihre Hemmungen abzustreifen und alle notwendigen Fragen zu stellen.

Fragenkatalog ausarbeiten

Auch der Bewerber will im Gespräch viel erfahren. Er muß deshalb ausreichend vorbereitet sein, wenn das Vorstellungsgespräch einen erfolgreichen Verlauf für ihn nehmen soll.

Für den Bewerber ist es von Vorteil, wenn er sich vorher Fragen zusammenstellt, auf deren Beantwortung er drängt. Dazu könnten gehören:

- Zielsetzung der ausgeschriebenen Stelle und deren genaue Bezeichnung
- Wer ist der Vorgesetzte? Wie kann ich ihn kennenlernen?
- Welche Mitarbeiter werden gegebenenfalls unterstellt?
- Wer ist der Vertreter für diese Stelle?
- Muß der Stelleninhaber selbst eine Vertretung durchführen?
- Welche Befugnisse und Vollmachten bestehen für die Stelle?
- Welche Tätigkeiten werden im einzelnen an dem Arbeitsplatz ausgeübt?
- Welche Kontakte mit welchen Stellen sind notwendig?
- Von wem werden die Aufgaben gestellt, und wie erfolgt die Beaufsichtigung?
- Wie wird das Arbeitsergebnis überprüft?
- Welche Berufsausbildung ist notwendig?
- Wie umfangreich muß die Berufs- oder Betriebserfahrung sein?
- Welche besonderen Kenntnisse oder Schulungen sind erforderlich?
- Gibt es Unterlagen darüber, die die Position noch etwas plastischer darstellen?

Diese Fragen sind vor dem Gespräch genau zu überlegen und aufzuschreiben. Sitzt der Bewerber erst im Zimmer des Personalleiters, ist es meist zu spät dazu. Dann ist eine volle Konzentration auf den Gesprächspartner notwendig.

Es lohnt sich, einen *persönlichen* Fragenkatalog aufzubauen.

Es lohnt sich auch, diesen persönlichen Fragenkatalog zur Vorstellung mitzunehmen. Das hinterläßt einen guten Eindruck.

Die beigefügte Checkliste soll Anregungen und Hilfestellungen zum Aufbau eines solchen persönlichen Fragenkatalogs geben (siehe auch Checkliste auf S. 108/109).

Checkliste zum Aufbau eines Fragenkatalogs

1. **Bezahlung**
   a) Gehalt
   b) Bonus
   c) Erwerb von Anteilen
   d) Zahlungen, der erst später fällig werdenden (z.B. Alters-) Versorgung
   e) andere außergewöhnliche Zuwendungen u. freiwillige Sozialleistungen

2. **Standort**
   a) Klima
   b) Schulen
   c) gesellschaftliche Möglichkeiten
   d) Einkaufsgelegenheiten
   e) Anmarschweg-Verhältnisse
   f) Großstadt oder Kleinstadt

3. **Persönliche Entwicklungsmöglichkeiten**

4. **Arbeit**
   a) interessante Arbeit
   b) Gelegenheit, die eigenen Fähigkeiten zu nutzen
   c) Reisen
   d) aus der Position erwachsende gesellschaftliche Verpflichtungen
   e) Beteiligungsmöglichkeiten in der Öffentlichkeitsarbeit

5. **Ihre Ideen**
   a) Gelegenheit, Ihre Ideen vorzutragen
   b) Die Möglichkeit, sie in die Tat umzusetzen

6. **Sicherheit des Arbeitsplatzes**
   a) Anstellung auf Lebenszeit
   b) bereits erdiente Anrechte auf Altersversorgung usw.

   c) Risiko-Industrie (Aufträge für die Landesverteidigung, Saisongeschäft usw.)

7. **Zielsetzung d. Unternehmens**
   a) Wachstumspotential des Unternehmens
   b) Beförderungsplan

8. **Eigene Entwicklungsmöglichkeiten**
   a) durch Ihren Chef
   b) durch gleichrangige Kollegen
   c) Weiterbildungs-Programme

9. **Verträglichkeit**
   a) mit Ihrem Chef
   b) mit Ihren Kollegen
   c) mit den Untergebenen
   d) mit Kunden, Lieferanten usw.

10. **Freiheit der Handlungsweise**
    a) Entscheidungsbefugnis
    b) Freiheit zum selbständigen Handeln

11. **Status**
    a) Titel
    b) Anerkennung
    c) Einladung zu Tagungen, Teilnahme an Ausschüssen usw.

12. **Impulse für die Arbeit**
    a) von Ihrem Chef ausgehend
    b) von der Arbeit selbst ausgehend

13. **Gelegenheit, die eigene Leistung zur Geltung und Kenntnis zu bringen**

14. **Interne Betriebspolitik**

Vor der Einladung zum Vorstellungsgespräch klärt die Personalabteilung, wer an den Gesprächen seitens des Unternehmens teilnehmen und Beurteilungen abgeben soll. Die Firmen werden für die Urteilsbildung für die spätere Entscheidung oft nicht nur einen, sondern mehrere Personen zum Gespräch mit dem Bewerber hinzuziehen.

Der Bewerber muß damit rechnen, und es kann auch nur in seinem Interesse sein, viele Personen des Unternehmens zu sprechen und diese Gelegenheit zu nützen, selbst sehr viel von der Firma zu erfahren.

Mit welchen Personen kommt der Bewerber üblicherweise seitens des Unternehmens ins Gespräch?

– Dem Personalleiter oder einem von ihm beauftragten Mitarbeiter der Personalabteilung
– Der Führungskraft des Bereichs, in dem die Stelle zu besetzen ist
– Dem unmittelbaren Vorgesetzten, mit dem der Bewerber direkt zusammenarbeiten muß
– Dem Betriebsrat

Ein kluger Bewerber weiß: Jeder dieser Interviewer beurteilt ihn aus einer anderen Sicht. Während der Personalleiter oder sein Mitarbeiter und der Betriebsrat in erster Linie die personalpolitischen Interessen des ganzen Unternehmens vertreten, wird die Abteilungsleitung die Beurteilung aus der Sicht des Bereiches und der direkte Vorgesetzte die Beurteilung aus der Sicht der unmittelbaren Zusammenarbeit treffen.

Diese Gesprächsaufteilung zwischen den Interviewern erfolgt nach sachlichen Gesichtspunkten. Das bezieht sich sowohl auf die Informationsangabe als auch die Informationsermittlung in dem Gespräch. Jeder hat den Teil des Gesprächs zu übernehmen, den er am besten übersehen und beurteilen kann. Nach den Erfahrungen trifft der Bewerber in Mittel- und Großbetrieben folgende Gesprächsaufteilung an, auf die er sich einstellen muß:

Was erfährt der Bewerber wo?			
	Personalabteilung	Fachabteilung	Direkter Vorgesetzter	Betriebsrat
Was der Bewerber erfragen sollte	**Allgemeine** Informationen über das Unternehmen und die Personalpolitik, z. B. Grundsätze der Entlohnung, Sozialleistungen, Führung, Organisation. **Speziell:** Bestandteile des Arbeits- und Tarifvertrages, Festlegen des Gehalts.	Allgemeine Informationen über Ziel und Aufgaben der Abteilung. Aufbau, Organisation und personelle Zusammensetzung der Abt. Allgemeine Bedingungen des Einsatzes am Arbeitsplatz. Bekanntmachen mit Vorgesetzten.	Genaue Beschreibung und Darstellung der Tätigkeit. Arbeitsbeispiele demonstrieren. Arbeitsplatz zeigen. Mit künftigen Kollegen, mit denen gemeinsam gearbeitet werden muß, bekannt machen.	Allgemeine Information über die Aufgaben der Betriebsratstätigkeit im Unternehmen. Aufbau und Organisation des Betriebsrates. Information über die Rechte und Pflichten der Mitarbeiter in Verbindung mit den tarifvertraglichen Bestimmungen.
Was die Firmenvertreter wissen möchten	Beurteilen der allgemeinen Qualifikation und persönliche Eignung für das Unternehmen: z. B. Auftreten, Sozialverhalten, Arbeitsverhalten, Initiative, Arbeitseinstellung, Selbständigkeit, geistige Regsamkeit, Aufmerksamkeit, Intelligenz usw. Ermitteln der Gehaltsvorstellungen.	Beurteilen der persönlichen und fachlichen Eignung für den Bereich. Vergleichen des Anforderungsprofils des Arbeitsplatzes mit den Qualifikationen d. Bewerbers. Ermitteln der Erwartungen des Bewerbers hinsichtlich seiner Tätigkeit u. Einschätzen einer zu erwartenden Befriedigung bei dem Bewerber und Vorgesetzten.	Beurteilen der Integrationsfähigkeit in die Arbeitsgruppe. Beraten des Abteilungsleiters bei der Entscheidungsfindung.	Prüft die Eignung für das Unternehmen lt. Bestimmungen des Betriebsverfassungsgesetzes. Prüft, ob kein Verstoß gegen Tarifvertrag vorliegt und niemand durch die Einstellung benachteiligt wird, ob insbesondere die Auswahlrichtlinien beachtet sind oder ob eine notwendige Ausschreibung unterblieben ist.

Eine abgesprochene Aufteilung der Informationsvermittlung unter den Gesprächsführenden mit dem Bewerber nach den spezifischen Richtungen ist für Sie von großem Vorteil. Dadurch werden Wiederholungen fortfallen und Ihre Informationen vollständiger. Der Bewerber erhält wirklich alle Informationen, die er für seine Entscheidung braucht. Das ist sehr notwendig, da der Bewerber erst durch vertiefte Informationen zu dem möglichen Schluß gelangt, nicht im Unternehmen zu beginnen. Die gleichen Informationen hätten ihn sonst erst nach seiner Einstellung erreicht, was unter Umständen zu einer Unzufriedenheit und Kündigung führen kann. Der Bewerber kann sich auch bei einer solchen Aufgabenverteilung darauf vorbereiten, in welcher Hinsicht er von den einzelnen Gesprächsteilnehmern geprüft wird. Darauf muß er sich besonders einstellen. Der Bewerber weiß nun, daß die fachliche Beurteilung nicht in der Personalabteilung erfolgt. Dagegen muß er das Einstellungsgehalt in der Personalabteilung abstimmen.

Unterschiede gibt es in den Unternehmen darüber, ob zuerst der Vorgesetzte der Abteilung und dann erst der direkte Vorgesetzte die Gespräche führt oder umgekehrt, oder, ob der Bewerber zuerst in dem Fachbereich und dann erst in der Personalabteilung erscheinen soll oder umgekehrt. Dies ist allerdings ein entscheidender Punkt für den Bewerber. Er sollte – bei Wahlmöglichkeit – immer versuchen, zuerst in der Fachabteilung vorzusprechen und dann in der Personalabteilung. So kann er bereits Informationen bei vielleicht nicht so kritischen Personen erhalten, die ihm in der Personalabteilung nützen.

Aus der Reihenfolge kann der Bewerber auch das Durchsetzungsvermögen des Personalwesens und den Grad der Zentralisierung der Personalaufgaben im Unternehmen erkennen. In größeren Unternehmen, in denen eine zentrale Stelle für Personalangelegenheiten zuständig ist, muß sich der Bewerber auf folgende Reihenfolge einstellen:

1. Der Bewerber nimmt grundsätzlich zuerst Kontakte mit der Personalabteilung auf, die eine Vorauswahl trifft und prüft, ob
   a) ein den Wünschen des Bewerbers entsprechender Arbeits-

platz zu besetzen ist oder die Bewerbung erst für einen späteren Zeitpunkt vornotiert wird,

b) die Qualifikation ganz allgemein der vorliegenden Personalanforderung eines Bereiches entspricht,

c) die Gehaltsvorstellungen und sonstigen Wünsche des Bewerbers im Rahmen der Möglichkeiten des Unternehmens liegen,

d) Auftreten und persönlicher Eindruck die Empfehlung an die Fachabteilung rechtfertigen.

2. Der Bewerber wird mit dem Leiter der Fachabteilung bekannt gemacht, der eine Personalanforderung gestellt hat.

3. Der direkte Vorgesetzte lernt den Bewerber kennen, wenn der Abteilungsleiter ihn grundsätzlich für geeignet hält.

4. Die Fachabteilung benachrichtigt die Personalabteilung, ob mit dem Bewerber eine Einigkeit in fachlicher Sicht für die Übernahme der Tätigkeit besteht oder nicht. Die Personalabteilung vereinbart dann mit dem Bewerber die vertraglichen Bestandteile des Arbeitsvertrages oder vermitelt ihn an eine andere Abteilung mit Bedarf.

5. Der Betriebsrat verschafft sich ein Urteil über die einzustellende Person und die getroffenen Vereinbarungen. Er billigt die Einstellung oder begründet seine Ablehnung (entsprechend § 99 des Betriebsverfassungsgesetzes).

Es besteht aber auch die Möglichkeit, daß die Vorstellungsgespräche nicht von den vier Stellen einzeln nacheinander erfolgen, sondern zum Teil gemeinsam. Nicht selten führen der Leiter der Fachabteilung und der direkte Vorgesetzte ihre Vorstellungsgespräche gemeinsam. Oder der Personalleiter nimmt an dem Gespräch in der Fachabteilung teil.

Immer beliebter werden auch gemeinsame Treffen mit den künftigen Kollegen und Vorgesetzten. Solche Zusammenkünfte dienen dazu, das Urteil über den »Neuen« von der Gruppe zu erfahren. Bleiben Sie dabei ganz natürlich, nur das kann Ihnen helfen. Nur so können Sie auch für sich Ihre möglichen neuen Kollegen kennenlernen, was ein großer Vorteil für Ihre Entscheidung ist.

Mehr zu diesem Thema finden Sie im Kapitel III.

Einzeln geführte Gespräche können für den Bewerber erfahrungsgemäß ergiebiger sein als das Gespräch zu dritt oder zu viert. Getrennt gesammelte Informationen und Beurteilungspunkte können zum besseren Erfolg führen, wenn man im Anschluß an das Vorstellungsgespräch die Informationen miteinander vergleicht. Die Summe und Kombinationen unterschiedlicher Informationen ermöglichen dem Bewerber eine treffendere Beurteilung des Unternehmens und eine treffsichere Entscheidung.

Kleider machen Leute

Ihr Paßfoto hat erste Spuren hinterlassen, aber in natura wirkt man ganz anders. Mal ist es ein Ring im Ohr, mal die zu bunte Punk-Frisur, mal sind's ungeputzte Schuhe, ein anderes Mal ist's die fehlende oder nachlässig gebundene Krawatte. Die Gründe sind vielfältig, warum von Millionen Bundesbürgern, die jährlich einen neuen Job antreten, fast die Hälfte trotz beruflicher Qualifikation nicht in ihrer »Traumfirma« eingestellt wird. Kümmern Sie sich also um Ihr Outfit. Zu empfehlen ist eine unauffällige Kleidung, die nicht von der Person ablenkt. Also nicht overdressed noch underdressed, und ohne Turnschuhe. Sie erscheinen gepflegt, brauchen dafür aber nicht Ihren Stil aufzugeben. Allerdings: Flickenjeans und Fransenjacke liegen wohl etwas daneben. Es ist kein Nachteil, sich dem Ton des Hauses etwas anzupassen. Schließlich wollen Sie dort später arbeiten. Das gilt auch für Frisur, Bart und Fingernägel.

Allgemein gilt: Eher eine Spur zu korrekt als zu lässig.

Reise- und Vorstellungskosten

Der Art und Weise der Erledigung der Reise- und Vorstellungskosten wird in manchen Unternehmen große Bedeutung beigemessen. Großzügigkeit oder Kleinlichkeit, Sturheit oder Verständnis für betriebliche Regelungen – der Bewerber hat hier eine Möglichkeit, durch eine angemessene Handlungsweise sein Image zu verbessern.

Reise- und Vorstellungskosten erhalten Bewerber, die zum Vorstellungsort anreisen müssen und dadurch einen finanziellen Aufwand haben. Manche Firmen teilen dem Bewerber möglichst bereits im Einladungsschreiben mit, in welchem Umfang sie bereit sind, die Reise- und Vorstellungskosten zu ersetzen und welche Bedingungen im einzelnen gelten. Ist die Firma nicht bereit, Reisespesen zu übernehmen, so muß sie das ausdrücklich im Einladungsschreiben vermerken. Nur so können peinliche Situationen vermieden werden, die zu unnötigen Spannungen zwischen dem Bewerber und dem besuchten Unternehmen führen.

Nicht selten scheitert die Einstellung eines geeigneten Bewerbers an unterschiedlichen Vorstellungen über die Handhabung der Erstattung von Reise- und Vorstellungskosten. Deshalb sollten die Leistungen des Unternehmens von Bewerbern, die auf bestimmte Entschädigungen bestehen, im Schriftverkehr so präzis wie möglich angesprochen werden. Jeder weiß dann, woran er ist. Bei der Abrechnung gibt es keine Differenzen. Das mögliche Arbeitsverhältnis wird nicht von vornherein belastet.

Der Bewerber muß sehr aufpassen, um nicht durch zu große Kleinlichkeit oder das Anbringen unpassender Forderungen in ein falsches Licht zu geraten. Nicht selten feilschen Bewerber um Telefongebühren im Ortssprechverkehr oder Briefmarken, was nicht gerade zur Einstellung ermuntert. Besser und richtig ist hier eine klare und ehrliche Darstellung des Aufwands – auf volle DM abgerundet. Das Unternehmen hat zumeist ganz bestimmte Richtlinien, wann und wie hoch sie Aufwand ersetzt. Diese Regelungen werden selten von den tatsächlichen Verhältnissen wenig abweichen. Möchte der Bewerber seine Chance zur Einstellung wahren, sollte er sich damit begnügen. Für den Bewerber ist das Verfahren zur Vergütung des Aufwandes auch ein Beurteilungskriterium für die geübte Bürokratie des Unternehmens bzw. deren Flexibilität.

Der Zeitpunkt der zu erstattenden Reise- und Vorstellungskosten ist zu betrachten. Oft wird man bereits beim Eintreffen des Bewerbers als erstes die fehlenden Daten aufnehmen, die für die Berechnung der Reise- und Vorstellungskosten notwendig sind. Dann hat die Personalabteilung die Möglichkeit, die Abrechnung während des Gespräches zu erledigen und bereits zum Abschluß des Vorstellungsgespräches dem Bewerber den Erstattungsbetrag in bar auszuhändigen. Oft ziehen Unternehmen es vor, dem Bewerber die vereinbarten Reise- und Vorstellungskosten auf sein Konto zu überweisen. Von diesem Weg wird besonders dann Gebrauch gemacht, wenn die Vorstellung außerhalb der Arbeitszeit stattfindet. Dies sollte jeder Bewerber bei seiner Vorstellung berücksichtigen und deshalb genügend Mittel zur Verfügung haben.

Der Bewerber hinterläßt keinen besonders guten Eindruck, wenn er die Vorstellungskosten gleich am Anfang des Gesprächs erledigt haben möchte. Wenn die andere Seite sich bis zur Verabschiedung nicht gerührt hat, sollte der Bewerber dies aber unbedingt vor seiner Abfahrt noch ansprechen. Oft wäre es sonst vergessen worden, ohne böse Absicht.

Zu den Reise- und Vorstellungskosten gehören im wesentlichen die Fahrtkosten, die Kosten für evtl. Übernachtung und entsprechende Tagesspesen. Bei den Fahrtkosten ist zu unterscheiden zwischen den Flugkosten, Kosten für die Benutzung eines eigenen Fahrzeuges. Bei den heutigen Verkehrsmittelkosten wird man es dem Bewerber überlassen, zu entscheiden, welches Verkehrsmittel er vorzieht. Der Bewerber wird in der Regel den kürzesten und schnellsten Weg wählen. Zwischen Großstädten ist das meist das Flugzeug. Während früher Flugzeugkosten nur besonders qualifizierten Bewerbern erstattet wurden, hat es sich heute durchgesetzt, hier keine Unterschiede mehr zu machen. Wenn ein Bewerber eingeladen wird, der von sehr weit anreisen muß, dann ist es einfach oft nicht zumutbar, auf diese kürzeste und schnellste Verbindung zu verzichten. Die Erstattung der Flugkosten erspart dem Bewerber und Arbeitgeber oft eine Übernachtung in Verbindung mit seiner Vorstellungsreise, die bei der Benutzung von Bundesbahn oder Pkw bei weiten Entfernungen oft nicht zu vermeiden wäre. Ein Hinweis in den Einladungsschreiben, daß nur die Fahrtkosten der Bundesbahn ersetzt werden, geht an der zeitlichen Entwicklung vorbei. Da aber immer noch einige Firmen Flugkosten nur ungern ersetzen, sollte der Bewerber bei diesem Transportmittel vorsichtshalber eine Klärung herbeiführen, um keine Überraschung zu erleben.

Problematisch wird in manchen Unternehmen die Erstattung der Fahrkosten, wenn der Bewerber mit dem eigenen Fahrzeug gekommen ist. Hier werden oft nur Sätze der Bundesbahn erstattet. Zweifellos sind dem Bewerber dann bei der Benutzung des eigenen Pkw's wesentlich höhere Kosten entstanden, als ihm erstattet werden. Es wird dann von manchen Bewerbern als sehr kleinlich angesehen, wenn das Unternehmen nicht den üblichen Kilometerbetrag erstattet. Solche Bemerkungen sollte man sich sparen. Sie ändern doch nichts an dieser Tatsache und belasten nur den Gesprächsverlauf.

Daß ein Bewerber gegebenenfalls vom Flugplatz oder Bahnhof eine Taxe benutzt, um sich beim Arbeitgeber vorzustellen, wird in keinem Unternehmen mehr als unangemessen betrachtet. Der Besucher ist meistens fremd in der Stadt, so daß ihm eine Benutzung der öffentlichen Verkehrsmitel kaum zuzumuten ist.

Eine Höchstgrenze für die Erstattung von Übernachtungskosten wird selten festgelegt. Ein Bewerber sollte diese Wahlmöglichkeit nicht mißbrauchen und eine unangemessene Forderung stellen. Derartige Situationen gehören sehr schnell zur Beurteilung des Bewerbers. Ob Übernachtungskosten auftreten oder nicht, hängt auch weitgehend von dem verabredeten Vorstellungstermin ab. Wenn der Bewerber bereits sehr früh bestellt wird, sollte er in jedem Falle interessiert sein, das Gespräch im ausgeruhten Zustand zu führen. Ein Vorstellungsgespräch nach einer sechsstündigen Autobahnfahrt ist sicherlich problematisch und möglichst zu vermeiden.

Selbstverständlich sollte es sein, daß der Bewerber die Tagesspesen für seine Beköstigung erhält, entsprechend den im Unternehmen üblichen Beträgen.

Personalleiter haben nicht selten das Gefühl, daß bestimmte Bewerber vermutlich eine großzügige Handhabung bei der Erstattung der Reise- und Vorstellungskosten mißbrauchen. Diese Bewerber legen ihre Vorstellungstermine so, daß sie örtlich und zeitlich eng beieinanderliegen und lassen sich dabei die Kosten für eine Fahrstrecke und den Aufenthalt am Ort gleich mehrfach erstatten. Diesem Mißbrauch ist nur schlecht beizukommen. Manche Betriebe helfen sich dadurch, daß sie die Flugkarten oder Bundesbahnkarten mit einem entsprechenden Vermerk versehen und für eine weitere Erstattung entwerten. Hierbei kommt es auf die Form an, damit diese Fahrkarten für die Rückreise wieder verwendet werden können. Bewerber sollten deshalb Verständnis für eine solche Maßnahme haben. Wo es dadurch Ärger gibt, wird man schnell wachsam.

Auffällig wird in diesem Zusammenhang auch der Wunsch von manchen Bewerbern registriert, nur zu bestimmten Zeiten für die Vorstellung Zeit zu haben. Viele Unternehmen lassen sich dadurch nicht beirren und prüfen bei Verdacht durch eine kurzfristige Verlegung des Termins, wie stark das Interesse an dem Gespräch ist.

Die Erfahrungen zeigen aber, daß die Anzahl derjenigen, die sich bewußt an Reise- und Vorstellungsspesen bereichern wollen, sehr gering ist im Verhältnis zu den Bewerbern, die es mit einer Vorstellung ernst meinen. Die verbesserte Mobilität der Arbeitskräfte und Einsatzmöglichkeiten führt dazu, daß auch viele Bewerber daran interessiert sind, ihre Vorstellungsgespräche konzentriert und zügig abzuwickeln. Man wird von diesen Bewerbern auch nicht erwarten, daß sie den Unternehmer darauf aufmerksam machen, daß sie einen Teil der Kosten bereits durch eine andere Firma erstattet bekommen haben. Zumal sie ungern Vorstellungen bei anderen Firmen am gleichen Ort angeben.

Ein Etat für die Reise- und Vorstellungskosten ist immer im Zusammenhang mit den gesamten Personalbeschaffungskosten zu betrachten. Auch Unternehmen sollten bei den Reise- und Vorstellungskosten nicht zu kleinlich sein, sondern eher dafür sorgen, daß alle Bewerber die ihnen wirklich entstandenen Kosten angemessen und zügig erstattet erhalten.

Auch der Bewerber sollte das Verhalten des Unternehmens kritisch beurteilen. Ist die Firma bereits hierbei sehr kleinlich, wird sie es wahrscheinlich auch später in anderen finanziellen Fragen des Arbeitsverhältnisses möglicherweise sein.

Zum Abschluß noch ein paar Worte zum Schmunzeln, doch nicht ganz ohne Sinn. Die Deutsche Bank hat in einer ausgezeichneten Broschüre (Erfolgreich bewerben, Ideen für den Berufsstarter) Verhaltensregeln veröffentlicht, die mit Sicherheit zu einer Absage führen:

Sie sind zur Vorstellung eingeladen worden!
Wenn Sie eine *Absage* erhalten wollen:

1. Kommen Sie locker, lässig und ganz überlegen zum Termin!
2. Ziehen Sie ruhig die Jeans an, die Sie die ganze vorige Woche getragen haben, ein T-Shirt mit poppiger Aufschrift und was Legeres darüber – das macht Eindruck!
3. Für junge Damen: Nehmen Sie viel Rouge, Wimperntusche, Lidschatten, einen düsteren oder knalligen Lippenstift, den dazu passenden Nagellack und den letzten Discodreß – eine Wucht! Der Personalchef wird staunen.
4. Kommen Sie ruhig ein bißchen später, wer zu früh kommt, hat's nötig.
5. Sollte jemand Anstoß daran nehmen, sagen Sie ihm ruhig, daß das Gebäude miserabel ausgeschildert wäre.
6. Schnappen Sie sich die Rechte Ihres Gesprächspartners zur Begrüßung und schütteln Sie sie mal herzlich, wie einen Pumpenschwengel.
7. Stecken Sie die Linke in die Hosentasche, die Rechte brauchen Sie zur plastischen Untermalung Ihrer Rede, und kringeln Sie ruhig ein Bein ums Stuhlbein, das sieht apart aus.
8. Vergessen Sie nicht, sich schnell den besten Platz auszusuchen, er steht Ihnen zu.
9. Beginnen Sie locker mit der Unterhaltung, schließlich sind Sie ja die künftige Säule des Unternehmens. Wenn Sie fertig sind, können Sie sich ab sofort in Schweigen hüllen, jetzt ist der andere dran.
10. Stecken Sie sich dann behaglich eine Zigarette an, die haben Sie jetzt verdient.
11. Aber unterbrechen Sie Ihr Gegenüber sofort, wenn Ihnen etwas an seinen Ausführungen miß- oder gefällt.
12. Bringen Sie gleich die ersten Verbesserungsvorschläge an, wie man den Laden rentabler gestalten könnte, dann weiß der Mensch, daß Sie ein dynamischer Typ sind.
13. Falls Sie den Eindruck haben, daß der Typ auf der anderen Seite vom Schreibtisch »den Frust« hat, dann fragen Sie ihn doch mal nach dem Grund, vielleicht nimmt er das zum Anlaß, Sie auf dem schnellsten Weg zu verabschieden?

II. Wie kann ein Vorstellungsgespräch erfolgreich verlaufen?

Auch das muß ein Bewerber wissen: Das Ziel eines Vorstellungsgespräches aus betrieblicher Sicht ist es,

1. fehlende Angaben zur Person, zum Leistungsstand und zur Einsatzfähigkeit zu ermitteln,
2. den Bewerber in persona zu sehen, sich einen »persönlichen Eindruck« zu verschaffen über die äußere Erscheinung, wie Auftreten, Haltung, Bewegung, Manieren, Sprache usw.
3. einen Eindruck über wichtige Persönlichkeitswerte zu gewinnen: Was sind seine Ansichten, Überzeugungen? Ist er geistig rege? Wie ist seine Aufstiegs- und Leistungsmotivation?
4. einen Hinweis über den Grad seiner Soziabilität zu bekommen. Wird er sich gut einordnen in die Arbeitsgruppe?
5. Schließlich kommt es darauf an, ein Bild des Bewerbers zu erhalten, das soweit möglich der Wirklichkeit entspricht.

In dem Gespräch soll im Endeffekt überprüft werden, ob eine künftige Zusammenarbeit für beide Teile vorteilhaft ist. Um das gewünschte Ergebnis zu erzielen, wird der Arbeitgeber ein

- ausführliches und vollständiges Gespräch führen und andererseits versuchen,
- durch eine gezielte Gesprächstechnik an alle wichtigen Informationen zu gelangen.

Da auch der Bewerber mit den Absichten zum Gespräch erscheint, durch sein persönliches Auftreten und seine Gesprächslenkung den Gesprächsablauf für sich günstig zu gestalten, verläuft fast jedes Vorstellungsgespräch als eine Art Wettkampf zwischen dem Bewerber, der sich im günstigsten Licht zeigen will, und dem Interviewer des Unternehmens, der ein möglichst umfassendes und objektives Bild der Lebensgeschichte des Bewerbers haben möchte.

Um das Vorstellungsgespräch mit dem größten Nutzen für sich selbst zu führen, ist es unbedingt wichtig, daß der Bewerber auch seine Ziele im Gespräch verfolgt und die in der Praxis erprobten Regeln der Gesprächstechnik beachtet.

Für den Bewerber ist das Vorstellungsgespräch eine Form der persönlichen Darstellung, aber auch ein Suchverfahren. In dieser Formulierung kommt bereits zum Ausdruck, welche Grundhaltung der Bewerber in dem Gespräch haben muß. Suchverfahren bedeutet:

- Das Ermitteln ausreichender Informationen über die fachlichen und persönlichen Anforderungen an dem vakanten Arbeitsplatz sowie über Leistungen und Führung des Unternehmens.
- Sicherzustellen, daß die gesammelten Informationen den Tatsachen entsprechen.
- Herauszufinden, welche persönlichen Bedürfnisse befriedigt werden können.
- Darstellen der eigenen fachlichen und persönlichen Qualifikation in vorteilhaftester Weise.

Das Informieren über Anforderungen und Leistungen des Unternehmens und die Bedingungen an dem zu besetzenden Arbeitsplatz stellt keine hohen Anforderungen an die Gesprächsführung des Bewerbers. Die höchsten Anforderungen an den Bewerber stellt die Aufgabe, sich so darzustellen, daß der Eindruck auf den anderen sehr positiv ist. Doch darauf kommt es ganz besonders an. Es stellt sich in der Praxis immer wieder heraus, daß neben dem Beherrschen einer gewissen Gesprächstechnik eine Reihe sonstiger persönlicher Fähigkeiten, wie Reaktionsvermögen, Geduld, Selbstbeherrschung, Kontaktfreudigkeit, Verbindlichkeit, Auftreten und Ausstrahlungskraft, für den Erfolg des Gesprächs vorteilhaft sind.

1. Wie ist der Gesprächsablauf? – Wozu werden Sie befragt?

Das persönliche Interview, die Konfrontation von Person zu Person, ist für den Personalleiter die feinste und umfassendste Technik, einen Charakter zu analysieren und die Qualifikation des Bewerbers für eine bestimmte Aufgabe festzustellen. Das Interview hat jedoch seine Grenzen: in den psychologischen Barrieren, die ein Bewerber und der Interviewer überwinden müssen. Das ist auch für den Bewerber von enormer Bedeutung.

Das gezielte Zusammentreffen von zwei Menschen, die sich nie vorher gesehen haben, geschieht kaum in einer offenen und klaren Atmosphäre. Zuerst »beschnüffelt« man sich gegenseitig und tastet sich ab, man versucht, sich kennenzulernen. Was will der Arbeitgeber als Person von mir? Einen fleißigen, agilen, bequemen oder einen unbequemen und kreativen Typ?

Um dieses gegenseitige Kennenlernen zu erleichtern und zu beschleunigen, wird von dem Einladenden und Gesprächsführer eine Atmosphäre geschaffen, in der es dem Partner möglich ist, Kontakt mit ihm zu gewinnen. Aber auch der Bewerber kann dazu beitragen: Ihm muß es darum gehen, seine Situationsbefangenheit möglichst schnell zu überwinden und die natürlichen Hemmungen zu beseitigen. Dazu wird der Arbeitgeber folgende Regeln anwenden:

- Dem eigentlichen Gesprächsthema wird ein belangloses Thema vorgelagert.
- Das Gespräch wird eröffnet mit einer verbindlichen Bemerkung über die Reise, das Wetter, den Verkehr usw.
- Er bedankt sich für die Bewerbung und das Zustandekommen des Vorstellungsgespräches und die prompte Erledigung der vorangegangenen Post. Auch eine Versicherung, daß die Vertraulichkeit der Bewerbung auf alle Fälle gewahrt bleibt, wird abgegeben.
- Der Gastgeber – hier der Vertreter des Unternehmens – geht dazu über, die Einladung näher zu begründen. Er erläutert unter anderem, warum über die Position mehr gesagt werden muß, als in die Anzeige hineingebracht werden konnte, und wie gut auch noch Informationen über die bereits zur Verfügung stehenden Bewerbungsunterlagen hinaus von Bedeutung sein können.

An dieser Stelle des Gesprächs wird sich der Arbeitgeber entscheiden, ob er zuerst die ausgeschriebene Position dem Bewerber ausführlich darstellen will, um erst danach die Qualifikation des Bewerbers näher zu prüfen, oder ob er den umgekehrten Weg vorzieht. Manchmal wird zuerst mit der Stellenbeschreibung begonnen. Immer öfter zieht der Personalleiter es vor, den Bewerber erst einmal kennenzulernen, bevor die Stelle ausführlich beschrieben wird. Viele Bewerber erwarten sogar diese Reihenfolge des Gesprächsverlaufs und sind darauf vorbereitet. Diese Reihenfolge hat auch für einen Bewerber Vorteile. Oft stellt sich während des Gesprächs heraus, daß der Bewerber für eine andere freie Position noch wesentlich geeigneter erscheint. Dann besteht für beide Teile rechtzeitig eine Möglichkeit, darauf näher einzugehen.

Der Bewerber ist nicht gut beraten, wollte er den Gesprächsablauf und -inhalt möglichst nach seinem Geiste gestalten und auf die Intentionen des Interviewers nicht eingehen. Er tut gut daran, den Vorstellungen des anderen zu folgen und innerhalb dieses Rahmens seine Möglichkeiten zur Ausnutzung des Gesprächs nicht zu verpassen und diejenigen Fragen später anzubringen, die er zwischenzeitlich nicht beantwortet bekommen hat. Jeder Bewerber sollte aber deshalb um so genauer den gewollten Gesprächsverlauf des Personalleiters zu erkennen und zu durchschauen versuchen. In Schulungen für Personalleiter wird diesen folgende Regel dazu beigebracht: Ein ausführliches Vorstellungsgespräch wird danach folgende Abschnitte enthalten, die oft in ähnlicher Reihenfolge angesprochen werden:

Sammeln von Informationen vom Bewerber:

- Ausbildung und Schulung
- Berufserfahrung und berufliches Interesse, Gründe finden für den angestrebten Stellenwechsel
- Kindheit und Herkunft
- Familiäre und gesellschaftliche Situation
- Teamfähigkeit und soziale Kompetenz
- Finanzielle Forderung
- Gesundheit

Abgeben von Informationen vom Unternehmen für den Bewerber:

- Das Unternehmen
- Der Arbeitsplatz
- Die Arbeitszeit
- Die Mitarbeiter und Kollegen
- Gehaltssystem und Einstellungsgehalt
- Sonstige materielle Leistungen
- Weiterbildungs- und Entwicklungsmöglichkeiten
- Personalführungsgrundsätze

Diese Zusammenfassung darf nicht davon ablenken, daß viele Details im Rahmen eines vollständigen Vorstellungsgespräches zu besprechen sind, um spätere Nachfragen zu reduzieren. Damit alles für Sie Wichtige auch angesprochen wird, sollten Bewerber dazu eine Checkliste (siehe Abb. auf Seite 123) verwenden. Bei richtiger Differenzierung und Gegenüberstellung der Verhandlungsergebnisse aufgrund von Vorstellungen in verschiedenen Unternehmen lassen sich die Ergebnisse bewerten, wodurch die Entscheidungsfindung erleichtert wird. Näheres dazu ist zum Schluß des Buches ausgeführt.

2. Wozu müssen Sie Antworten »vorgedacht« haben?

Ausbildung und Schulung

Nach den einführenden Worten und dem Zustandekommen eines Kontaktes wird der Arbeitgeber das Gespräch zur Ausbildung des Bewerbers überleiten. Das Thema ist für ihn äußerst wichtig, auch wenn die Bewerbungsunterlagen bereits viel über die vorliegende Ausbildung aussagen. Dabei wird er auch Punkte ansprechen, die aus den Bewerbungsunterlagen bereits ersichtlich sind.

Der Arbeitgeber möchte nur einmal gern hören, wie der Bewerber seine Entwicklung so mündlich darstellt, wie er spricht oder sprechen kann – oder er hat einfach keine Zeit gehabt, die Bewerbungsunterlagen vorher noch einmal durchzugehen. Hier ist die erste große Chance des Bewerbers zur Position Selbstdarstellung, die vorher geübt werden kann. Diese Tatsache sollte den Bewerber nicht beunruhigen.

Selten sind die Unterlagen der Bewerber über abgeschlossene Ausbildung und Schulungen vollständig. Bewerber glauben oft, daß insbesondere Schulabschlüsse für den neuen Arbeitgeber wenig interessant seien, und reichen dann meist nur Zeugnisse der bisherigen Arbeitgeber ein, aber auch diese nicht immer vollständig. Doch nicht nur bei Bewerbern für qualifizierte Positionen ist es für das Unternehmen interessant, auch Schulschlußzeugnisse einsehen zu können und sich dadurch einen Spiegel der Leistungen über einen längeren Zeitraum, untermauert durch Prüfungen, zu verschaffen.

Der Arbeitgeber wird sich bei den Informationen über Person und Qualifikation des Bewerbers nicht nur auf die Angaben im Lebenslauf verlassen. Die sind oft schmeichelhaft und werbewirksam formuliert. Sie werden nachgeprüft, weil sie oft einfach nicht stimmen. Die Erfahrungen lehren, daß clevere Bewerber in ihrem Lebenslauf Schwerpunkte und Trends konstruieren, wie sie im Hinblick auf die gesuchte Position am günstigsten erscheinen. Das versuchen Personalfachleute herauszufinden.

Insbesondere Zeugnisse von Berufsschulen und Fachschulen des Bewerbers interessieren, weil hier bereits ein Wissen in Beziehung auf die berufliche Tätigkeit getestet wurde. Aber auch Bescheinigungen und Zeugnisse über andere Schulungen, die möglicherweise nach der Arbeitszeit oder an Wochenenden absolviert wurden, zeigen dem Arbeitgeber Leistungsfähigkeit, Initiative und Ausdauer des Bewerbers. Viele Menschen besuchen in ihrer Freizeit gerade diejenigen Schulungsstätten und vertiefen ihr Wissen gerade auf den Gebieten, zu denen sie eine besondere Neigung haben. Wenn dies nicht unmittelbar mit ihrer bisherigen beruflichen Tätigkeit zusammenhängt, glauben sie oft nicht, daß solche Zeugnisse für den neuen Arbeitgeber von besonderer Bedeutung sein können.

Daran müssen Sie denken.

Aus den vorgelegten Bewerbungsunterlagen ist zu erfahren, welche Ausbildung und Ausbildungsabschlüsse im einzelnen vorliegen. Trotzdem wird der Personalleiter gerade hierzu Fragen stellen, um zu prüfen, welche Antworten der Bewerber zu den einzelnen Fragen gibt und wie er die erreichten Abschlußergebnisse begründet.

Nicht selten führen diese Fragen zu der Feststellung, daß es sich bei dem Bewerber um einen ausgezeichneten Autodidakten handelt, was aus den Unterlagen nicht hervorging.

Solche Bewerber werden oft lieber gewonnen als solche mit gut aussehenden Zeugnissen. Der Autodidakt, der keine Titel oder Grade aufweisen kann, muß sich und sein Können oft unter Beweis stellen. Häufig ist er gezwungen zuzugeben: »Ich weiß es nicht, aber ich werde versuchen, es herauszufinden.«

Der Bewerber kann sich auf diesen Problemkreis gut vorbereiten. Die Fragen, die gestellt werden, sind oft ähnlich:

- Warum haben Sie Ihre Schulausbildung mit der Hauptschule/Realschule/Oberschule beendet und nicht weitergeführt?
- Warum haben Sie (soweit sichtbar) die Hauptschule/Realschule/Oberschule nicht beendet?
- Warum haben Sie die Fachoberschule/Universitätsausbildung begonnen und nicht zu Ende geführt?
- Wie beurteilen Sie das Zustandekommen des Notendurchschnitts in Ihrem Abschlußzeugnis?
- Gibt es bestimmte Schulfächer, in denen Sie regelmäßig überdurchschnittliche Leistungen erbrachten?
- Welche Unterrichtsfächer fielen Ihnen am schwersten?
- Haben Sie neben Ihrer beruflichen Tätigkeit an irgendwelchen Ausbildungen oder Schulungen teilgenommen?
- Haben Sie eine andere Art von Weiterbildung betrieben?
- Welche Gründe gibt es dafür, daß Sie neben Ihrer beruflichen Tätigkeit keine Weiterbildungskurse absolviert haben? *enges Zeitfenster*
- Nehmen Sie zur Zeit an irgendwelchen Ausbildungen teil?
- Haben Sie Pläne über Ihre Aus- und Weiterbildung?
- Welche Fachgebiete bevorzugen Sie dabei?

Wichtigster Ansatzpunkt für ein vertieftes Gespräch wird in der Regel der Inhalt und Umfang der letzten Beschäftigung des Bewerbers sein. Soweit der Bewerber die Tätigkeit eine längere Zeit ausgeübt hat, wird er in der Lage sein, seine speziellen Kenntnisse und Erfahrungen ausführlich zu schildern. Dabei möchte der spätere Fachvorgesetzte sehr schnell erkennen, wie tief der Bewerber in die Materie seines Fachgebietes eingedrungen ist. Hier hilft dem Bewerber nur die Wahrheit, alles andere würde spätestens während der Probezeit sichtbar. Aber das Interesse, mehr und tiefer das Fachgebiet zu durchdringen, sollte er erkennen lassen.

An die immer größer werdende Flexibilität und Mobilität der Berufstätigen und die sich ständig verändernden Anforderungen an den Arbeitsplätzen ist zu denken.

Die Unternehmen lösen sich heute immer mehr von der traditionellen Wertvorstellung, daß ein Bewerber weniger für eine Einstellung geeignet ist, weil er bereits verschiedentlich seine Arbeitgeber gewechselt hat. Eine lange Betriebszugehörigkeit zu einem Unternehmen wird nicht immer als Zeichen von Stärke, Ausdauer und Verläßlichkeit, sondern auch manchmal als der Ausdruck geringer Beweglichkeit, Initiative oder Risikobereitschaft bewertet. Jeder Stellungswechsel bringt neben den Vorteilen auch unangenehme Begleiterscheinungen mit, wie z. B. das Eingewöhnen in eine neue Arbeitswelt, evtl. Umzug, Umschulung der Kinder u. ä. m. Wer zielgerichtet seine Stellungen wechselte, hat sich dadurch oft nicht nur finanziell, sondern auch von der Qualifikation und vielseitigen Einsatzfähigkeit Vorteile gegenüber dem Seßhaften erworben.

Die bisherigen Beschäftigungsverhältnisse des Bewerbers werden daraufhin sehr systematisch und detailliert überprüft und im Vorstellungsgespräch angesprochen, bevor daraus Entscheidungen für die künftige Einsatzfähigkeit gezogen werden. Folgende unterschiedliche berufliche Entwicklungen sind festzustellen und werden verschieden betrachtet und beurteilt:

- gleiche Tätigkeit bei einem Arbeitgeber;
- gleiche Tätigkeit bei verschiedenen Arbeitgebern;
- verschiedene Tätigkeit bei einem Arbeitgeber;
- verschiedene Tätigkeiten bei verschiedenen Arbeitgebern;
- Positionsaufstieg innerhalb eines Fachgebietes beim gleichen Arbeitgeber;
- Positionsaufstieg durch den Wechsel des Fachgebietes beim gleichen Arbeitgeber;
- Positionsaufstieg durch den Wechsel des Fachgebietes bei verschiedenen Arbeitgebern.

Die Analyse der Bewerbungsunterlagen, insbesondere der verschiedenen Arbeitgeberzeugnisse, wird bestenfalls nur eine Tendenz in der beruflichen Zielverfolgung zeigen. In dem Vorstellungsgespräch wird der Bewerber aufgefordert, seine Begründungen zu den Änderungen in der Tätigkeit und Arbeitgebern zu geben. Der Wahrheitsgehalt der Angaben muß um so größer sein, je mehr der Bewerber erkennt, daß der Interviewer eingehend mit den Unterlagen vertraut ist. In diesem Zusammenhang stellt der Personalleiter u. a. folgende Fragen, auf die eine Vorbereitung der Antworten lohnt, weil die Fragen fast immer kommen:

- Warum haben Sie bisher Ihre Stellung nie gewechselt?
- Warum haben Sie bisher so oft Ihren Arbeitgeber gewechselt?
- Welchen Vorteil erhofften Sie sich aus Ihrem letzten Stellungswechsel?
- Haben Sie Ihre Erwartungen erfüllt gesehen?
- Welche Vorteile erhoffen Sie sich aus einem erneuten Stellungswechsel?
- Welches waren für Ihre bisherige berufliche Entwicklung die entscheidenden Stellungswechsel?
- Was veranlaßt Sie, sich jetzt von Ihrem bisherigen Arbeitgeber abzuwenden?
- Was erwarten Sie von Ihrem neuen Arbeitgeber, damit ein erneuter Stellungswechsel für Sie nicht in Frage kommt?
- Haben Sie die Erfahrung gemacht, daß man seine Stellung wechseln muß, um finanziell/aufstiegsmäßig vorwärtszukommen?
- Könnten Sie in Ihrer jetzigen Stellung vorwärtskommen?

> – Könnten die Mitarbeiter bei Ihrem jetzigen Arbeitgeber auch innerbetrieblich auf eigenen Wunsch die Tätigkeit oder Abteilung wechseln?

Jeder Stellungswechsel ist im Leben eines Bewerbers ein bedeutender Schritt. Er wird sehr selten leichtsinnig und ohne Überlegung durchgeführt, sondern hat meistens wohlüberlegte Gründe. Die Gründe sind vielfältig, und der Grad des genauen Abwägens ist bei dem einzelnen unterschiedlich. Aber beides interessiert den Personalleiter sehr. Sowohl die Gründe für den Stellungswechsel als auch die Klärung der Frage, wie sehr und intensiv sich der Bewerber Gedanken über seinen Stellungswechsel gemacht hat.

Die Suche nach dem wirklichen Grund zum Stellungswechsel führt den Interviewer zu den Bedürfnissen des Bewerbers. Eine Vergleichbarkeit der Leistungen auf dem Gebiet, der zum Stellungswechsel geführt hat, wird dem neuen Arbeitgeber zeigen, ob der Bewerber mit dem neuen Arbeitsplatz zufrieden sein könnte oder nicht. Gute Gründe für den Schritt muß der Bewerber zur Verfügung haben. Gründe, die der andere akzeptieren kann.

Für die Beurteilung des Stellungswechsels interessiert die Personalabteilung, wie sehr sich der Bewerber bereits mit dem Unternehmen, in dem er sich bewirbt, vor dem Vorstellungsgespräch vertraut gemacht hat. Hierzu werden folgende Fragen gestellt:

> – Woher haben Sie erfahren, daß bei uns die Position frei ist?
> – Warum haben Sie Interesse, gerade in unserem Unternehmen zu arbeiten?
> – Welche Vorstellung haben Sie von der Größe und der Leistungsfähigkeit unseres Unternehmens?
> – Haben Sie bereits Bekannte, Verwandte, Freunde in unserem Unternehmen?
> – Was schätzen Sie an unserem Unternehemn, daß Sie sich hier bewerben?
> – Welche Vorstellungen haben Sie über Ihre Tätigkeit bei uns?
> – Wieso rechnen Sie damit, daß Ihre Wünsche bei uns erfüllt werden können?

Auch die Frage nach beruflichen Neigungen und Interessen, die durchaus nicht immer mit der jetzigen Tätigkeit in Verbindung stehen muß, wird für den Personalleiter wichtige Erkenntnisse bringen. Wenn Bewerber durch ihre Sachkenntnisse davon überzeugen, daß sie während ihrer Freizeit mit Leidenschaft basteln, modellieren, malen, lesen oder musizieren, kann dies für die Beurteilung des Bewerbers aufschlußreich und positiv sein. Wenn sich berufliche Neigungen mit der beruflichen Tätigkeit decken, wird der Eindruck am stärksten sein. Möglicherweise ergeben sich aus solchen Punkten im Vorstellungsgespräch Anhaltspunkte für einen noch geeigneteren Einsatz, als ursprünglich vorgesehen.

Ein letzter Aspekt ist noch bedeutend, da er sehr häufig für den Erfolg oder Mißerfolg der Bewerbung entscheidend ist. Viele nennen ihn die Motivation. Die Ziele, die der Bewerber sich selbst setzt, seine Beständigkeit in der Verfolgung dieser Ziele, seine Fähigkeiten, Schwierigkeiten zu überwinden, und seine Leistungsfähigkeit in der Praxis möchte der Personalleiter oder künftige Vorgesetzte allzu gern kennen. Beurteilt er diese Punkte hoch, dann entscheidet er sich oft für den Bewerber.

Kindheit und Herkunft

Der Vorgesetzte möchte von seinem neuen Mitarbeiter nicht nur wissen, wie er ihn einsetzen kann, sondern auch, wie er in seine »Mannschaft« hineinpaßt. Er kennt das Gefüge und die Zusammensetzung seiner Arbeitsgruppe und ist interessiert daran, daß die zwischenmenschlichen Beziehungen seiner Mitarbeiter arbeitsfördernd sind. Ihn interessieren daher die Antworten zu folgenden Fragen aus dem sozialen Milieu, die er stellen wird:

- In welcher Umgebung sind Sie groß geworden?
- In der Großstadt oder auf dem Dorf?
- Wie viele Geschwister haben Sie?
- Wie lange haben Sie zu Hause gelebt?
- Wie alt waren Sie, als Sie finanziell selbständig wurden?
- Haben Sie Jugendgruppen angehört, und welche Stellung haben sie in diesen Jugendgruppen eingenommen?

- Bekamen Sie leicht Freunde in der Jugendzeit?
- Mußten Sie bereits zeitig Ihre Eltern und Geschwister finanziell unterstützen?
- Waren beide Elternteile berufstätig?

Was sind die geeigneten Antworten zum guten Abschneiden? Die Wahrheit? Meistens ja. Dort spielen subjektive Erfahrungen des Fragenden eine entscheidende Rolle bei der Beurteilung. Versuchen Sie also durch Gegenfragen oder durch eine gute Gesprächsführung herauszubekommen, welche Antworten sympathisch sein werden, welche abschrecken. Gute Beobachtung der Reaktionen auf die Antworten wird hier helfen. Beachten Sie dabei: Teamfähigkeit wird immer mehr benötigt und hoch beurteilt.

Familiäre und gesellschaftliche Situation

Von unserer Leistungsgesellschaft wird sehr oft behauptet, sie stelle ihre Handlungen nur auf den Erfolg und die Arbeitsleistung ab, und die menschliche Komponente werde dabei vernachlässigt. Dabei stellt sich in der Praxis immer wieder heraus, daß ein langfristiger Erfolg nur das Ergebnis einer guten Zusammenarbeit der Menschen ist. Management by objectives und andere moderne Führungstechniken setzen sich zum Ziel, die Leistung des Unternehmens durch eine Identität zwischen den Zielen des Unternehmens und den Beschäftigten zu verbessern. Erfahrungsgemäß sind die Mitarbeiter eher bereit, den Zielen des Unternehmens zu folgen, wenn sie dabei gleichzeitig ihre persönlichen Ziele befriedigen können. Die persönlichen Ziele werden dabei weitgehend geformt von den familiären und gesellschaftlichen Verhältnissen, in denen der Bewerber lebt.

Für den Personalleiter ist es daher auch sehr wichtig, im Vorstellungsgespräch die persönlichen Ziele und Wünsche des Bewerbers kennenzulernen, um dessen möglichen Erfolg in der neuen Tätigkeit im voraus abschätzen zu können. Der Personalleiter oder Fachvorgesetzte wird für seine Beurteilung daher folgende Fragen stellen – auch wenn die Antworten z. T. schon aus den Bewerbungsunterlagen hervorgehen:

- Sind Sie verheiratet? Wie viele Kinder haben Sie?
- Haben Sie die Absicht, in Kürze zu heiraten?
- Sind Sie schon einmal geschieden?
- Müssen Sie für Kinder sorgen, die nicht in Ihrem Haushalt leben?
- Für wie viele Personen müssen Sie insgesamt sorgen?
- Wie alt sind Ihre Kinder, welche beruflichen Pläne haben Sie mit ihnen?
- Ist Ihr Ehegatte berufstätig?
- Welche Meinung hat Ihr Ehegatte über Ihren Stellenwechsel?
- Würde Ihr Ehegatte mit einem Umzug und einer Umschulung der Kinder einverstanden sein?
- Ist Ihr Ehegatte daran gewöhnt, daß Sie Schichtdienst machen/ Außendiensttätigkeit ausüben?
- Haben Sie ausreichende Räumlichkeiten, um während des Tages bei Schichtarbeit ungestört schlafen zu können?
- Reisen Sie in Ihrem Urlaub sehr gern, oder verbringen Sie Ihre Zeit lieber zu Hause oder in einem eigenen Garten?
- Sind Sie aktives Mitglied von Organisationen (Gewerkschaften, Parteien, Vereine)?
- Erwartet Ihre Familie, daß Sie sich in Ihrer Freizeit viel um sie kümmern?
- Haben Sie ein Wochenendhaus oder -grundstück?
- Welche Hobbys haben Sie in Ihrer Freizeit?
- Sind Sie in Ihrer Freizeit gern allein, oder bevorzugen Sie die Geselligkeit einer Gemeinschaft?
- Was lesen Sie?

Der Bewerber sollte sich nicht scheuen, diese Fragen zu beantworten. Die Antworten sind schwer oder gar nicht nachzuprüfen, zumindest nicht durch die Personalabteilung, aus deren Blickfeld der Bewerber nach der Einstellung verschwindet. Dem Fachvorgesetzten gegenüber wird der Bewerber aber auf die Dauer durchschaubar. Bei heiklen Fragen ist der Bewerber gut beraten, die Antworten zu geben, die der Fragende möglicherweise hören möchte.

Teamfähigkeit und soziale Kompetenz

Die soziale Kompetenz wird immer wichtiger für eine erfolgreiche berufliche Tätigkeit, nicht nur für Führungskräfte. Seitdem immer mehr Unternehmen Team- und Gruppenarbeit favorisieren und auch die Arbeit danach organisieren, müssen Bewerber die dafür notwendigen Fähigkeiten mitbringen. Deshalb wird ein Teil des Vorstellungsgesprächs darauf konzentriert sein, einen ersten Eindruck über die soziale Kompetenz zu erhalten. Dazu gehören
– Kommunikationsfähigkeit,
– Kooperationsfähigkeit,
– Fähigkeit, Identifikation zu schaffen,
– Konfliktbewältigungsfähigkeit.
Das bedeutet vorrangig
– aktiv zuhören und andere ausreden lassen,
– Bedürfnisse und Verhaltensweisen anderer ernst nehmen,
– gegenseitiges Vertrauen aufbauen,
– kompromißbereit sein,
– Konflikte konstruktiv, offen und sachlich austragen,
– keine Gewinner/Verlierer-Positionen entstehen lassen.

Bewerber haben immer häufiger Vorteile bei der Personalauswahl, wenn sie solche Fähigkeiten besitzen und auch im Vorstellungsgespräch zeigen.

Finanzielle Forderungen und sonstige Wünsche für das neue Arbeitsverhältnis

In der Praxis stellt der Bewerber immer wieder fest, daß das Gespräch über das Einstellungsgehalt und sonstige Leistungen des Unternehmens entweder zum Beginn des Vorstellungsgespräches oder erst zum Abschluß geführt wird. Hier kann man nicht sagen, daß die eine oder andere Regelung ausschließlich die richtige ist. Der Bewerber kann davon ausgehen, daß die materiellen Bestandteile des Arbeitsvertrages spätestens zum Abschluß des Vorstellungsgespräches erörtert werden und daß der Personalleiter von vornherein aufgrund seiner bisherigen Informationen aus den Bewerbungsunterlagen ein Scheitern der Verhandlungen aufgrund überhöhter Gehaltswünsche des Bewerbers für unwahrscheinlich ansieht. Jeder weiß, die Gehaltsfrage zum Schluß des Gesprächs ist immer die günstigste Ausgangsposition für das Vorstellungsgespräch, da in der Regel richtige Gehaltsabsprachen erfolgreich getroffen werden können, wenn die gegenseitigen Informationen über die Qualifikationen des Bewerbers und das Anforderungsprofil des Arbeitsplatzes vorhanden sind. Die Firma wird daher immer anstreben, sich bereits vor dem Vorstellungsgespräch Informationen über die Gehaltsvorstellungen des Bewerbers zu beschaffen. Das gilt um so mehr, je weiter entfernt der Bewerber wohnt und durch eine längere Anreise für das Unternehmen Kosten entstehen.

Die Personalabteilung wird allerdings das Gespräch mit einem interessanten Bewerber nicht ausschließen, wenn die Einkommensvorstellungen des Bewerbers vorher bekannt sind. Hier wird man allerdings versuchen, zu Beginn des Vorstellungsgespräches zuerst einmal zu erfahren, in welcher Einkommensklasse sich der Bewerber zur Zeit befindet, um dem Bewerber gegenüber klar erkennen zu geben, in welchem Gehaltsrahmen sich der zu besetzende Arbeitsplatz bewegt. Manchmal wird aufgrund dieser Information bereits sichtbar, ob die angebotene Tätigkeit mit dem damit verbundenen gerechten betrieblichen Gehalt den Wünschen des Bewerbers gerecht werden kann. Das Aufdecken nicht sichtbarer größerer Diskrepanzen zwischen den betrieblichen Vorstellungen und den Wünschen des Bewerbers können für beide Teile nützlich sein und unergiebige Vorstellungsgespräche ersparen. Deshalb ist es auch dem Bewerber zu empfehlen, bei der Terminabsprache schon ein paar wichtige kurze Sondierungsfragen anzuhängen – als Vorabinformation.

Der Bewerber verbindet mit der neuen Position oft sehr klare Vorstellungen, die er gerne erfüllt haben möchte. Das betrifft einmal die Tätigkeit selbst, aber auch viele andere Erwartungen, die oft eine gleiche Bedeutung für seine Entscheidungen haben. Im Vordergrund steht dabei – trotz aller gegenteiligen Aussagen – die Frage nach den Einkommensmöglichkeiten. Für den erfolgreichen Abschluß der meisten Einstellungsverhandlungen ist das angebotene Gehalt immer noch entscheidend.

In sehr vielen Unternehmen gibt es jedoch keine präzise Bewertung der einzelnen Tätigkeit, und somit gilt noch das »Tabu« der Gehälter. Bewerber sollten daher in der Regel mit einem intensiven

Gespräch über das Einstellungsgehalt rechnen und versuchen, durch geschickte Verhandlungsführung das meiste für sich herauszuholen. In der Regel beginnt immer noch der Bewerber das »Blinde-Kuh-Spiel«. Doch er muß aufpassen, sich nicht durch geschickt gestellte Fragen überraschen zu lassen. Der Bewerber muß sonst Antworten wissen auf folgende Fragen:

- Wie hoch ist Ihr jetziges Einkommen?
- Wohnen Sie in einem eigenen Haus?
- Wie ist Ihre finanzielle Lage, haben Sie Schulden?
- Ist Ihr Ehepartner berufstätig?
- Wo und was arbeitet Ihr Ehepartner?
- Erwarten Sie bei einem Stellungswechsel unbedingt eine Gehaltsverbesserung, oder kommt es Ihnen im wesentlichen auf eine Verbesserung der Arbeitsbedingungen an?
- Würden Sie bei einer interessanten Tätigkeit auch eine Einkommensverschlechterung in Kauf nehmen?
- Sind für Sie das Anfangsgehalt in der neuen Firma maßgebend oder die langfristigen Entwicklungsmöglichkeiten?
- Was wären Ihre Mindesterwartungen für das Anfangsgehalt?
- Befürworten Sie ein Leistungsgehalt?
- Begrüßen Sie die Offenheit der Gehälter?
- Welche Vorstellungen haben Sie über die sonstigen Leistungen, die ein Unternehmen bieten müßte, dem Sie gern angehören würden?
- Wieviel Urlaubsanspruch haben Sie in Ihrer jetzigen Stellung?
- Wie setzt sich Ihr jetziges Gehalt im einzelnen zusammen?
- Zahlt Ihnen Ihre jetzige Firma mehr als 12 Gehälter, und was ist es im einzelnen?
- Sind Sie der Auffassung, daß Zulagen für die Betriebszugehörigkeit wünschenswert sind?
- Welche sozialen Leistungen erwarten Sie von Ihrem neuen Unternehmen?
- Wie hoch schätzen Sie eine betriebliche Altersversorgung ein?

Bisher hat es sich immer noch für den Bewerber als vorteilhaft erwiesen, daß er seine Forderungen nicht zu tief schraubt. Eine

Einladung zum Vorstellungsgespräch bedeutet oft ja schon, daß der Bewerber in der Vorauslese ist, daß man seinen schriftlich geäußerten Wunsch akzeptiert oder bei fehlender Äußerung an dem Bewerber grundsätzliches Interesse hat. Es gibt genügend Elastizitäten über die Löhne und Gehälter im Quervergleich, an denen der Bewerber sich orientieren sollte.

Die regionalen Einkommensunterschiede sind für den Bewerber wichtig zu wissen, denn sie sind schon recht groß, wenn man Beschäftigte vergleicht, die gleiche Ausbildung und gleiche Arbeitsaufgaben haben.

Schlägt der Bewerber bei seiner Forderung noch etwas auf, kann er handeln und ausloten, wo die Grenzen für das Unternehmen sind. Vorher sollte sich der Bewerber aber seine Minimalforderung überlegt haben, ohne diese preiszugeben. Solange es im Unternehmen keine Arbeitsbewertung gibt, die feste Gehaltsbezüge pro Arbeitsplatz vorschreibt oder sonstige tarifgerechte Zahlungsweisen vorherrschen, wie im Öffentlichen Dienst, ist das wie beim Verkauf eines gebrauchten Autos. Wer gut anpreist, etwas zu bieten hat, was selten gefragt ist, der bestimmt den Preis oder das Gehalt.

Gesundheit

Fragen nach dem Gesundheitszustand sind für die Einsatzfähigkeit im Unternehmen sehr wichtig. Ehrliche Antworten kann man aber nicht immer verlangen. Personalfachleute und Vorgesetzte sind überfordert, wenn sie nur aufgrund der Antworten auf ihre diesbezüglichen Fragen ihr Entscheidung treffen sollen. Es werden daher immer mehr Fachärzte vor einer Einstellung eines Mitarbeiters eingeschaltet.

Für den Einsatz des Bewerbers im Betrieb ist für den Arzt folgendes von Bedeutung:

1. Besteht bei der vorgesehenen Tätigkeit eine gesundheitliche Gefährdung?
2. Für welche Tätigkeit ist der Bewerber ungeeignet?
3. Wie lange wird der Bewerber voraussichtlich arbeitsfähig sein?
4. Wird der Mitarbeiter die Tätigkeit ohne Gefährdung der Gesundheit verrichten können?

Natürlich wird sich nicht jedes Unternehmen einen Werksarzt leisten können; doch gibt es freiberufliche Ärzte, die sich mit Betriebsgegebenheiten vertraut gemacht haben.

Der Arzt stellt gezielte Fragen, um ein umfassendes Bild für seine Beurteilungen zu erhalten. Für eine Anamnese verwendet er die Bewerbungsunterlagen. Darüber hinaus wird er den Bewerber darum bitten, seine Fragen wahrheitsgemäß zu beantworten, was jeder unterschiedlich stark tut. Entlassungen wegen falscher Angaben sind selten, da nach einer längeren Betriebszugehörigkeit selten zweifelsfrei festgestellt werden kann, ob das Leiden bereits bei der Einstellung bestand.

Tauglichkeitsgutachten werden von Fachleuten nach folgenden Gesichtspunkten erstellt werden:

a) nach der Vorgeschichte und nach dem gegenwärtigen Befinden, also Alter, Geschlecht, Familie, Beruf, Unfälle, Schutzimpfungen, Lebensgewohnheiten, Milieubedingungen, Risikofaktoren, Beschwerden.

b) nach der körperlichen Verfassung, also Atemwege, Verdauung, Harnwege, Blutbildung, Herz, Kreislauf, Stoffwechsel, innere Sekretion, Haut, Schutzgewebe, Sinnesorgane, vegetatives Nervensystem, Zentralnervensystem.

c) nach der seelischen Verfassung, also Intelligenz, Aufmerksamkeit, Gedächtnis, Konzentration, Ausdauer, Wahrnehmung, Wille, Antrieb, Phantasie.

---

3. Worauf zielen die Fragen ab?

Den Bewerber wird es interessieren zu wissen, was sich die Personalleiter bei den vielen Fragen, die sie stellen, eigentlich denken, welchen Sinn und Nutzen sie den Antworten beimessen und welche Folgerungen sie daraus ziehen. Ernst Korff hat dazu (»Redetechnik als Führungsmittel«) einige interessante Beispiele beantwortet. (Antworten folgen im Anschluß.)

Fragen an den Bewerber:

1. Welche Pläne haben Sie in bezug auf Ihre Familie, Ihre Kinder? Was erhoffen Sie sich von der Zukunft?
2. Waren Sie krank? Wann – wie lange? Treten noch irgendwelche Nachwirkungen auf? Wie ist heute Ihr Befinden? Wenn Beeinträchtigung: Würden diese Beeinträchtigungen einem vollen Berufseinsatz ein Hindernis sein?
3. Haben Sie das Gefühl, daß Ihre Dienstzeit bei der Bundeswehr (Wehrmacht) zu Ihrem Beruf in Beziehung gebracht werden kann? Hatten Sie einen militärischen Rang und deswegen Menschen zu führen?
4. Warum sind Sie (oder nicht) auf weiterbildende Schulen gegangen? Sind Sie jetzt mit dem Entschluß, der seinerzeit gefaßt wurde, noch zufrieden?
5. Warum würden Sie es anders machen, wenn Sie jetzt zur Schule gehen müßten? Sind Sie stolz auf Ihre Schule?
6. Hat Ihnen Ihre schulische Ausbildung in der Berufslehre genützt – fühlen Sie sich richtig vorbereitet? Welche Plus- und Minuspunkte konnten Sie feststellen? Was folgerten Sie daraus? Was bedeutet Ihnen die Berufsausbildung, und inwiefern war sie für Ihren weiteren Lebensweg von Nutzen? Denken Sie gern an Ihren Lehrbetrieb und an Ihre Lehrzeit zurück? Haben Sie während Ihrer Ausbildung zusätzlich Geld verdient? Warum? Zu welchem Zweck? Kam es Ihnen nur auf den Verdienst an? Konnten Sie dabei zusätzlich etwas lernen?
7. Wenn Sie die Reihe Ihrer bisherigen Stellungen (Tätigkeiten) durchgehen, welche erscheint Ihnen heute besonders nützlich und zukunftsträchtig gewesen zu sein? Schildern Sie der Reihe nach alle Ihre Tätigkeiten: welche entsprach nicht Ihren Erwartungen?
8. Halten sie Ihre Berufsentwicklung für konsequent? Spielt der Zufall eine Rolle? Warum wechselten Sie die Positionen? Was soll Ihnen der jetzt beabsichtigte Wechsel bringen?
9. Haben Sie sich berufsbegleitend weitergebildet? In welchen Bereichen? Mit welchem Erfolg? Was zu lernen fiel Ihnen besonders leicht, besonders schwer?

10. Wodurch gerieten Sie ins Hintertreffen? War Ihr Mangel an Wissen, Können, an Protektion oder Vermögen daran schuld?

11. Mit welchen Ihrer bisherigen Chefs arbeiteten Sie gern zusammen? Welcher ließ Sie nicht hochkommen? Welcher nahm keine Notiz von Ihnen? Was ergab sich daraus? Wie wurden Sie geführt (straff, zu leger, autoritär)? Unter welchen Bedingungen arbeiten Sie am liebsten?

12. Halten Sie sich für einen guten Team-Arbeiter? Woraus folgern Sie das? Können Sie ganz für sich allein arbeiten? Wollen Sie dominieren?

13. Was halten Sie von Ihren Führungsqualitäten – inwiefern haben Sie sich in dieser Beziehung bewährt? Wie urteilen Vorgesetzte und Untergebene über Sie?

14. Warum wollen Sie Ihre augenblickliche Tätigkeit aufgeben? Was erwarten Sie von der Position, die wir Ihnen anbieten können? Was wird Sie Ihnen bedeuten? Inwiefern ist sie ein Schritt vorwärts? Inwiefern bringt Ihnen diese Position dasjenige, was Sie bisher vermißt haben? Wie nutzen Sie diese Chancen?

15. Was aus Ihrem Erfahrungsschatz wird Ihnen bei der Bewältigung dieser Aufgaben nützen? Was können Sie nicht gebrauchen? Was an Wissen und Können müssen Sie zusätzlich erwerben? Wodurch wird Ihre zukünftige Arbeit besonders erfolgreich werden? Welche der von Ihnen besetzten Positionen halten Sie für die beste? Worin bestanden die Entwicklungsmöglichkeiten, die Ihnen dabei geboten wurden? Welche Anforderungen wurden dabei an Sie gestellt?

16. Was glauben Sie, in Ihrer besten Position gelernt zu haben? Inwiefern wird das Gelernte für Ihre mögliche zukünftige Tätigkeit wertvoll und nützlich sein?

17. Welche Erfahrungen machten Sie im Wettbewerb, unter Kollegen? Wurden Ihre Leistungen prämiert? Inwiefern wurden Sie bei der Planung beteiligt? Wer führte die Kontrolle der Planarbeit durch? Wie schnitten Sie dabei ab?

18. Gehören Sie sonstigen Gruppierungen, Vereinen, Clubs usw. an? Wie kamen Sie dazu, in diese Organisation einzutreten. Sind Sie passives Mitglied geworden? Haben Sie sich aktiv betätigt? Welche Rolle spielen Sie?

19. Können Sie noch etwas mehr darüber aussagen, wie Sie sonst Ihre Freizeit verbringen? Haben Sie Steckenpferde, und welche? Welche Rolle spielt dabei die Familie? Erzählen Sie ausführlich über diesen Bereich.
20. Beschreiben Sie in einigen wenigen zusammenfassenden Sätzen, wie Sie sich Ihr zukünftiges Leben denken und wie Sie es gestalten wollen. Welche Ansprüche stellen Sie dabei in bezug auf Ihr Einkommen und in bezug auf den Status, den Sie einnehmen möchten?

Folgerungen der Arbeitgeber aus den Antworten:

1. Reife – Unreife, Verantwortungsgefühl.
2. Belastbarkeit, Widerstandsfähigkeit, Selbstmitleid.
3. Fähigkeit, sich einzuordnen, Führungsqualitäten, Selbstwertgefühl, Drückebergerei, Labilität.
4. Strebsamkeit, Interesse an Ausbildung, Vermehrung des Wissens, Konsequenz.
5. Verankerung, Traditionsdenken.
6. Beständigkeit, Art der Grundlegung des Merk- und Wirkbereichs, Selbstvertrauen.
   Stand der Fachtechnik, der Arbeitstechnik.
   Selbständigkeitsstreben, Nebeninteressen.
7. Folgerichtigkeit, Methodik und Systematik im persönlichen Bereich. Denken in Übersichten, Wissensmehrung.
8. Zielgerichtetheit, Initiative, Unternehmungslust, vorausschauendes Denken und Planen.
9. Fortbildungsstreben, Reife – Selbstverwirklichung, Interessen.
10. Entmutigung, Selbsterkenntnis, Ansporn, Initiative, Konsequenz.
11. Umgang mit Menschen, Urteilsvermögen, Bereitschaft, sich einzuordnen.
12. Anpassungsbereitschaft, Wille zum Einordnen.
13. Führungsqualitäten, Verhältnis zur Macht, Menschenkenntnis.
14. Reife, Zukunftsdenken, Wirklichkeitsnähe, Konsequenz.
15. Einstellung zur Arbeit, Interesse an der eigenen Entwicklung, Aufstiegswillen, Anstrengungsbereitschaft.

Übersicht über eigene Entwicklung, persönliche Gewandtheit, Arbeitsmethodik.
16. Konsequenz des Denkens und Handelns, Einsichtsfähigkeit.
17. Einschätzung der eigenen Leistungsbereitschaft, Einstellung zur eigenen Entwicklung, Einstellung zu Kollegen, Sachlichkeit.
18. Soziales Streben, Umgang mit Menschen, Führungsqualitäten.
19. Reife, Ausgeglichenheit, Interessiertheit, Verantwortungsbewußtsein.
20. Geltungsstreben, Ehrgeiz, Geradlinigkeit, maßhalten können.

Und wie werden Manager ausgefragt?

Die 25 heikelsten Fragen, die einem Bewerber für eine Führungsposition im Interview gestellt werden können, hat DBM Consult im »Management-Wissen«, 4/85, zusammengefaßt.
Die empfohlenen Antworten sind auch für alle anderen Bewerber bedeutungsvoll.

1. Frage: Erzählen Sie etwas über sich selbst!
Mit dieser Aufforderung wird das Interview gewöhnlich eröffnet. Seien Sie darauf bedacht, nicht gleich zuviel zu reden. Zwei oder drei Minuten genügen völlig. Vier Gesichtspunkte gilt es im Auge zu behalten: Frühe Jugend – Erziehung – beruflicher Werdegang – derzeitige Berufssituation. Betonen Sie insbesondere den letzten Aspekt, ohne jedoch den einleitenden Charakter der Frage zu vergessen. Halten Sie die wirklich wichtigen Argumente in der Hinterhand.

2. Frage: Was wissen Sie über unser Unternehmen?
Sie sollten prinzipiell in der Lage sein, an jedem Punkt in die Diskussion einzusteigen, angefangen bei der Produktpolitik, dem Führungsstil, der aktuellen Marktsituation bis hin zur Unternehmensgeschichte und -philosophie. Aber Sie sollten nicht den Anschein zu erwecken suchen, als wüßten Sie bereits alles Wissenswerte. Geben Sie mit Ihrer Antwort zu erkennen, daß Sie sich über das Unternehmen hinreichend erkundigt haben. Jedoch sollte bei Ihrem Gegenüber nicht der Eindruck aufkommen, als seien Sie überkompetent. Zeigen Sie statt dessen weitere Lernbereitschaft. Ihre Ant-

wort könnte folgendermaßen anfangen: »Bei meiner Stellensuche bin ich auf etliche Firmen gestoßen. Ihre ist eine der wenigen, die mich aus folgenden Gründen besonders interessiert ...« Geben Sie Ihrer Antwort einen verbindlichen Ton. Sagen Sie nicht: »Ich bin hier, weil ich gehört habe, Ihr Betrieb sei in Schwierigkeiten...«, auch wenn er es tatsächlich sein sollte.

3. Frage: Warum wollen Sie für uns arbeiten?

Die tödlichste Antwort darauf wäre: »Aus persönlichen Interessen.« Welche Interessen sollten Sie sonst haben – animalische? Nicht nur hier setzt eine gute Antwort die häusliche Vorbereitung voraus. Sie könnten dagegen sagen, daß nach den Ihnen vorliegenden Informationen das Unternehmen mit Aufgaben beschäftigt sei, an deren Lösung Sie gern mitarbeiten würden; ebenso hätte Sie die Unternehmensstrategie beeindruckt. Ist beispielsweise die Firma für eine effiziente Unternehmensführung bekannt, dann sollte Ihre Antwort diese Tatsache positiv reflektieren und zeigen, daß Sie gerade deshalb gern zur Führungsmannschaft gehören würden. Ist das Unternehmen auf dem Gebiet der Produktentwicklung und -gestaltung betont innovativ eingestellt, dann sollten Sie auf Ihre eigenen Ideen hinweisen, von denen Sie glaubten, daß sie genau an der Stelle erfolgreich getestet werden könnten. Steht andererseits der Finanzaspekt im Vordergrund, empfiehlt es sich, ein gewisses Zahlenverständnis zu demonstrieren.

Wenn Sie von vornherein das Gefühl haben, ohne echtes Interesse bei der Sache sein zu müssen, oder sich zu Antworten auf Fragen gezwungen sehen, die Sie im Grunde genommen kaltlassen, ist es besser, sich schon zu Hause zu überlegen, auf welche Sache Sie sich einlassen und für welche Position Sie sowohl Neigung als auch Eignung verspüren. In der Regel sind die meisten von uns recht ungeschickt im Lügen, und selbst wenn Sie damit durchkämen, hätten sie lediglich einen Job gewonnen, der Ihnen in Wirklichkeit wenig brächte.

4. Frage: Was können Sie für uns tun, das ein anderer nicht ebensogut könnte?

Hier haben Sie nicht nur das Recht, sondern auch die Pflicht, alles zu Ihren Gunsten Sprechende einzubringen. Spielen Sie ruhig den Anwalt in eigener Sache. Weisen Sie auf die Liste Ihrer beruflichen Leistungen hin, Projekte, die Sie erfolgreich in Angriff genommen haben. Sagen Sie, der Wert Ihrer zukünftigen Mitarbeit resultiere aus der Verknüpfung Ihrer derzeitigen Kenntnisse und Interessen mit den bisher schon erzielten Resultaten. Stellen Sie Ihre Fähigkeit heraus, Prioritäten zu setzen, Probleme zu erkennen, um schließlich deren Lösung tatkräftig und gestützt auf langjährige Erfahrung voranzutreiben.

5. Frage: Was erscheint Ihnen attraktiv an dieser Position, was weniger?

Nennen Sie drei oder vier Gründe, die in Ihren Augen für die neue Stellung sprechen. Erwähnen Sie auch einen weniger wichtigen, unattraktiven Aspekt.

6. Frage: Warum sollten wir Sie einstellen?

Anhaltspunkt für Ihre Antwort sind: eigene Fähigkeit, Erfahrung und Tatkraft (vergleiche Frage 4).

7. Frage: Auf was legen Sie Wert im Beruf?

Richten Sie Ihre Antwort an dem Anforderungsprofil des Unternehmens aus. Sprechen Sie über Ihren Wunsch, das eigene Leistungsvermögen unter Beweis zu stellen. Behalten Sie Ihre tatsächlichen Möglichkeiten im Auge. Ihre Antwort sollte auch eher an sachlichen Gegebenheiten festgemacht sein als an persönlicher Sicherstellung.

8. Frage: Was ist Ihr eigenes Verständnis von der Position, um die Sie sich bewerben?

Halten Sie Ihre Antwort kurz und beziehen Sie sich auf das Anforderungsprofil. Denken Sie in Begriffen von eigener Verantwortlichkeit und Kooperationsbereitschaft. Bevor Sie sich mit einer Antwort versuchen, machen Sie sich klar, welche Voraussetzungen Sie für die neue Stelle mitbringen. Wenn Sie sich nicht sicher sind, fragen Sie Ihr Gegenüber.

9. Frage: Was schätzen Sie, wie lange es dauern würde, bis Sie sich erfolgreich eingearbeitet haben?

Seien Sie realistisch. Lassen Sie erkennen, daß Sie sich den zukünftigen Anforderungen durchaus gewachsen fühlen und sicher seien, schon vom ersten Tag an Ihren Mann zu stehen. Geben Sie aber zu bedenken, daß es bis zur vollständigen Einarbeitung in die Materie wahrscheinlich ein halbes oder ein ganzes Jahr dauern könnte, und daß man erst danach mit einem wirklich großen Beitrag Ihrerseits rechnen könne.

10. Frage: Wie lange wollen Sie bei uns bleiben?

Sagen Sie, Sie hätten Interesse an einer langfristigen Karriere im Unternehmen – solange sie sich gefordert fühlten. Bringen Sie es auf die Formel, daß der beiderseitige, gemeinsame Erfolg das entscheidende Kriterium sei.

11. Frage: Ihre Ausführungen zeigen mir, daß Sie für die ausgeschriebene Position vielleicht überqualifiziert sind. Was ist Ihre Meinung?

Machen Sie Ihr Interesse an einer auf lange Sicht angelegte Zusammenarbeit glaubhaft. Sagen Sie, daß Sie etwas in Ihrer künftigen Position leisten wollten, ohne zu vergessen, daß auch neue Aufgaben auf Sie warten könnten. Erinnern Sie Ihre Gesprächspartner daran, daß ein gutes Unternehmen gute Mitarbeiter braucht und eine erfahrene Führungskraft nie den Zweitbesten wählt. Überdies, wenn sie hochqualifiziert seien, könne die Firma voraussetzen, daß auch Ihre Arbeit sich schnell bezahlt machen würde. Sagen Sie abschließend, ein entwicklungsfähiges und zukunftsträchtiges Unternehmen könne niemals zu viele Talente haben.

12. Frage: Welchen Führungsstil bevorzugen Sie?

Sie sollten ausreichend Bescheid wissen über die Managementgrundsätze des betreffenden Unternehmens und sich darüber im klaren sein, daß Ihr Führungsstil dazu komplementär sein muß. Mögliche Führungsprinzipien sind: aufgabenorientiert (»Ich bevorzuge Problemlösungen, die von der Erkenntnis ausgehen: Was ist falsch, welche Alternativlösungen gibt es, wie ist die beste zu realisieren«); ergebnisorientiert (»Jede meiner Entscheidungen ist ausgerichtet an der Generallinie«) oder unter Umständen gar patriarchalisch (»Ich bin verpflichtet, mich um die Untergebenen zu kümmern, damit sie den Weg in die richtige Richtung finden«).

Gegenwärtig ist der kooperative Führungsstil (»open-door method«) populär. Man hält die Mitarbeiter zur Erfüllung ihrer Aufgaben an, indem man sie motiviert und an der Verantwortung beteiligt. Wenn Sie diese Frage ins Auge fassen, denken Sie daran, inwieweit Ihr Führungsstil dazu auch tatsächlich geeignet ist.

13. Frage: Sind Sie ein guter Manager? Nennen Sie mir einige dafür typische Beispiele! Glauben Sie, den Aufgaben des Top-Managements gewachsen zu sein?

Orientierungspunkte für Ihre Antwort sind »Erfolg« und »Aufgabenstellung«. Untermauern Sie Ihre Argumente mit gelungenen Beispielen aus Ihrer Laufbahn. Stellen Sie Ihre bereits bewiesene Einsatzbereitschaft und Ihre Erfahrung in den Vordergrund.

14. Frage: Welche Kriterien spielen für Sie eine Rolle bei der Einstellung eines Bewerbers?

Lassen Sie sich bei Ihrer Antwort von Begriffen wie »Fähigkeit«, »Initiative«, »Anpassungsvermögen« und »Kooperationsbereitschaft« leiten. Erwähnen Sie auch Ihre Vorliebe für aufstiegsorientierte Bewerber.

15. Frage: Haben Sie jemals Kündigungen veranlassen müssen? Was waren die Gründe, und wie wurden Sie mit dieser Situation fertig?

Geben Sie ruhig zu, daß die Sache für Sie nicht leicht war, daß Sie aber den Eindruck hatten, die Angelegenheit nicht nur zur Zufriedenheit des Unternehmens abgewickelt, sondern auch die Belange des Gekündigten berücksichtigt zu haben. Ähnlich wie andere auch, schätzen Sie solche Aufgaben nicht besonders. Selbstverständlich seien Sie aber bemüht, solche Dinge wieder ins rechte Lot zu bringen, und zwar im Hinblick auf den betroffenen Mitarbeiter, mit soviel Feingefühl wie möglich.

16. Frage: Was ist Ihrer persönlichen Meinung nach die schwierigste Sache für einen Manager?

Führen Sie drei Dinge an: Planung – Kostenkontrollle – Mitarbeiterführung. Die schwierigste Aufgabe sei aber die, Mitarbeiter zu motivieren, ihr Interesse für eine zügige und budgetgerechte Bewältigung der aufgegebenen Probleme zu gewinnen.

17. Frage: Was glauben Sie, welche Trends für unser Unternehmen maßgebend sind?

Um zu zeigen, daß Sie Ihre Hausaufgaben gemacht haben, sollten Sie über zwei oder drei maßgebende Tendenzen informiert sein. Anführen könnten Sie technologische Herausforderungen, ökonomische Rahmenbedingungen oder auch spezifische Aufgabenstellungen, denen Sie sich zukünftig gegenübersehen.

18. Frage: Warum wollen (haben) Sie Ihre bisherige Stellung auf(ge)geben?

Fassen Sie sich kurz. Vermeiden Sie Selbstanklagen, beschönigen Sie auch nichts. Erinnern Sie sich, wie Sie diesen Punkt – genauso wie die entsprechenden Referenzen – in Ihre Bewerbung eingebaut haben. Wurde Ihnen überraschend und ohne Vorwarnung der Teppich unter den Füßen weggezogen, sagen Sie es. Im anderen Falle machen Sie klar, daß der Wunsch zur Veränderung auf Ihre eigene Entscheidung zurückgeht. Lassen Sie persönliche Konflikte aus dem Spiel.

Vielleicht wird der Interviewer noch einige Male auf die Frage zurückkommen, insbesondere, wenn es klar ist, daß Sie es waren, der »gefeuert« wurde. Die Begründung »Wir verstanden, daß wir uns nicht weiter verstanden« ist hier vielleicht ganz nützlich. Die von Ihnen vorgelegten Referenzen sprechen zu Ihren Gunsten. Erinnern Sie in dem Zusammenhang daran. Ersparen Sie es sich, an der Stelle irgendwelche Geschichten zu erfinden.

19. Frage: In welcher Lage sehen Sie sich angesichts des plötzlichen Verlustes an materieller Sicherheit?

Sich momentan unbehaglich zu fühlen, ist normal. Sie können das auch Ihrem Gegenüber ruhig zugestehen. Auf keinen Fall sollten Sie sich in eine Panikstimmung bringen lassen. Natürlich sind Ihnen die Risiken einer Stellensuche bewußt; Sie akzeptieren sie jedoch, weil Sie eine Ihnen angemessene neue Position einnehmen wollen. Lassen Sie nicht den Verdacht aufkommen, Ihnen könnte an der künftigen Sicherstellung mehr gelegen sein als an der neuen Tätigkeit.

20. Frage: Welche positiven beziehungsweise negativen Gesichtspunkte spielten bei Ihrer letzten Position eine Rolle?

Seien Sie vorsichtig und orientieren Sie sich bei Ihrer Beschreibung mehr an den positiven als an den negativen Charakteristiken Ihrer früheren Tätigkeit. Vermeiden Sie es, personelle Probleme anzuschneiden. Wenn Sie Ihre letzte Arbeitsstelle schwarz in schwarz malen, könnte sich der Interviewer wundern, warum Sie es dort überhaupt so lange ausgehalten haben.

21. Frage: Wie denken Sie über Ihren (letzten) Chef?

Sagen Sie auf keinen Fall etwas Abfälliges. Stellen Sie die positiven Seiten Ihres Vorgesetzten heraus. Ihr zukünftiger Chef könnte sonst annehmen, daß Sie von ihm einmal ähnlich sprechen.

22. Frage: Warum verdienen Sie nicht mehr in Ihrem Alter?

Lassen Sie sich nicht in die Verteidigung drängen. Sagen Sie, genau dies wäre mit der Grund für den beabsichtigten Stellenwechsel.

23. Frage: Was haben Sie für Gehaltsvorstellungen?

Dies ist einer der heikelsten Punkte des Gespräches. Wir schlagen vor, einer präzisen Beantwortung dieser Frage auszuweichen, so lange es geht. Seien Sie diplomatisch: »Ich nehme an, der Rahmen für die Dotierung dieser Position bewegt sich zwischen soundsoviel und soundsoviel Mark, was in meinen Augen auch angemessen wäre.« Unter Umständen können Sie mit einer Gegenfrage antworten: »Vielleicht können Sie mir behilflich sein und mir sagen, ob es in Ihrem Unternehmen hinsichtlich der Dotierung eine vergleichbare andere Arbeitsstelle gibt?« Stellt man Ihnen diese Frage schon beim ersten Vorstellungstermin, können Sie sagen, eine sinnvolle Antwort hielten Sie erst dann für möglich, wenn Sie mehr über den Verantwortungsbereich der ausgeschriebenen Stelle wüßten. Sollten Sie der Antwort des Interviewers oder der für die Einstellung zuständigen Personalführungskraft einen entsprechenden Hinweis auf den Gehaltsrahmen entnehmen können oder ergibt sich ein solcher, und Sie können damit leben, dann sollten Sie Ihre Zustimmung zu erkennen geben.

Beharrt der Interviewer auf einer präzisen Antwort, können Sie immer noch sagen: »Sie wissen, ich verdiene zur Zeit soundsoviel Mark, wie jeder andere würde ich mich gerne verbessern, aber mein Hauptbestreben gilt natürlich in erster Linie der Aufgabe selbst.« Denken Sie daran, daß die Suche nach einer neuen Stelle nicht automatisch einen höheren Verdienst einschließt.

24. Frage: Was sind Ihre Langzeitziele?

Vergegenwärtigen Sie sich der Anfangsphase Ihrer Stellensuche. Sagen Sie nicht: »… einen Platz in Ihrem Unternehmen einzunehmen.« Beziehen Sie sich konkret auf Ihren künftigen Aufgabenbereich: »Als Mitarbeiter Ihres Unternehmens würde ich …«

25. Frage: Wie erfolgreich waren Sie bisher – nach Ihren eigenen Maßstäben?

Sagen Sie, Sie seien sehr zufrieden mit Ihrer Laufbahnentwicklung. Die Bilanz Ihres Lebens sei, eingerechnet aller Erfolge und Niederlagen, letztlich positiv; Sie hätten sich nichts vorzuwerfen.

Zeichnen Sie ein zuversichtliches, aber nicht übertrieben positives Bild Ihrer Person. Eine Antwort wie: »Ich fühle mich großartig, alle Dinge haben sich zu meiner völligen Zufriedenheit entwickelt«, nimmt Ihnen niemand ab. Der Interviewer wird skeptisch. Er weiß nicht, ob Sie ihn oder sich selbst auf den Arm nehmen wollen. Glaubwürdig wirkt allein gedämpfte Zuversicht.

Quelle: DBM Consult in »Management-Wissen« 4/85

4. Wozu werden von Ihnen Fragen erwartet?

Der Arbeitgeber muß sich in seinem eigenen Interesse bemühen, den Bewerber soviel wie möglich zu informieren über das Unternehmen und die ihn erwartende Tätigkeit. Damit schafft er die Voraussetzung dafür, daß Arbeitnehmer und Arbeitgeber nicht bald nach einer Einstellung enttäuscht sind, wodurch zusätzliche Kosten entstehen. Die freiwillige, ausführliche Information des Bewerbers nimmt daher heute einen wesentlichen Teil des Vorstellungsgespräches ein.

Und dennoch sollte der Bewerber seine Vorstellungen darüber haben, was er wissen und fragen will und dies im Gespräch zum Ausdruck bringen.

Fragen zum Unternehmen

Wesentliche Informationen über das Unternehmen muß der qualifizierte Bewerber vor dem Gespräch erkunden. Auf der Grundlage dieses Wissens sollte er Fragen vorbereiten. Solche Fragen hinterlassen einen positiven Eindruck (siehe Abb. »Persönliche Checklisten« auf den Seiten 108/109).

Je nach Interesse sollte der Bewerber sich informieren über:

- Zielsetzung des Unternehmens
- gefertigte Produkte
- Anzahl der Beschäftigten
- Organisationsform
- Aufbauorganisation
- Tarifpartner usw.
- Einfluß von Betriebsräten und Gewerkschaften
- Umsatzgröße
- Führungsstil
- Werke und Betriebsteile
- Wachstumsbranche oder nicht
- Stellung am Markt
- Fluktuation
- Gehaltssystem usw.

Von großem Vorteil für das Gespräch und den Bewerber für höherwertige Tätigkeiten ist die Kenntnis der Aufbauorganisation des Unternehmens sowie der letzte Geschäftsbericht. Danach sollte gefragt werden. Je nach Interesse und Bedeutung müssen dazu detaillierte Fragen gestellt werden. Das Gespräch sollte in die Information über die organisatorische Einordnung des vom Bewerber angestrebten Arbeitsbereiches einmünden, dessen Zielsetzung und die Bedeutung der auszuführenden Tätigkeit für das Ganze zu erklären sind.

Bei einem notwendigen Ortswechsel müssen die Vorteile des Standortes im Bewerbungsgespräch erfragt werden. Jede Gegend hat ihre landschaftlichen Vorteile. Unternehmen in der Nähe von Großstädten haben den Vorzug, den Bewerbern viel Vorteile für die Familie, die Kinder und den Bewerber selbst im Rahmen des größeren Angebots von kulturellen Veranstaltungen und Weiterbildungsmöglichkeiten zu bieten. Diese Faktoren werden heute besonders hoch geschätzt und sind daher vom Bewerber in die Beurteilung der Stellung einzubeziehen.

Die Chance für interessante Arbeitsplätze wird aber mangels ausreichender Nachfrage größer, je weiter das Unternehmen von Industriestandorten in Großstädten entfernt liegt. Hier bieten Firmen attraktive Ausgleichsangebote (z. B. höhere Gehälter bei niedrigen Lebenshaltungskosten), nach denen zu fragen ist.

Der Arbeitsplatz, der Arbeitsinhalt und der Vorgesetzte

Nicht selten scheitern Einstellungen bereits nach den ersten Arbeitstagen, weil die Bewerber keine Gelegenheit hatten, vor Beginn ihrer Tätigkeit ihren künftigen Arbeitsplatz kennenzulernen. So wie der Monteur seine Werkbank, die Montagehalle oder die sonstige räumliche Umgebung seiner künftigen Tätigkeit kennenlernen sollte, muß der kaufmännische Angestellte oder Sachbearbeiter sich mit eigenen Augen ansehen, in welchem Raum, an welchem Schreibtisch und in welcher Umgebung er tätig sein wird. Dabei spielt eine große Rolle, ob ein Einzelzimmer zur Verfügung steht, mit wieviel Kollegen ein gemeinsamer Raum geteilt werden muß, oder ob die Tätigkeit gar in einem Großraum ausgeführt werden soll.

Persönliche Checkliste / Fragenkatalog

108

Fragen über — Welche Informationen *kann* ich über das Unternehmen / die Dienststelle durch wen ggf. vor und erst während des Bewerbungsgespräches erhalten?

Anm.: (x) Angaben nur, wenn das Unternehmen diese weitergegeben hat
- Unternehmens- und Personalberater geben nur Auskünfte, wenn sie mit der Suche und Auslese vom Unternehmen beauftragt worden sind
- Unternehmensdaten werden in der Presse nicht regelmäßig veröffentlicht, nur bei begründetem Anlaß
- Unternehmensdaten und -verzeichnisse, von Verlagen veröffentlicht, sind nicht immer auf dem aktuellen Stand gehalten
- Tarifverträge sind öffentlich einsehbar

Informationsquellen (Spalten 1–17):
1. Reg. u. überregionale Presse
2. Fachpresse (Handelsbl., Capital..)
3. FAZ „Unternehmen stellen s. vor"
4. Commerzbank „Wer gehört zu wem?"
5. „Who is who?"
6. Verlag Hoppenstedt „Firmenverz.."
7. IHK, Verband, Innung
8. Arbeitsbehörde / so. Stellen
9. Auskunfteien
10. Unternehmens-/Personalberater
11. Freunde, Nachbarn, Arbeitskolleg.
12. Fa.: „Tag der offenen Tür"
13. Fa.: über Zusammenarb. mit Univer.
14. Fa.: über telef. Vorabinformation
15. Fa.: über Personalanzeige/Ausschr.
16. Fa.: beim Vorstellungsgespräch
17. Fa.: Arbeitsvertrag/int. Regelung

Fragen	Frage	1	2	3	4	5	6	7	8	9	10	11	12	13	14	15	16	17
1. Allgemeine Unternehmensinfos	1.1 Name und Anschrift des Unternehmens/Institutes: persönlich bekannt? nein / ja, wodurch?	x	x	x	x	x	x	x	x	x	(x)	x	x	x	x	x		x
	1.2 Um welche Gesellschaftsform handelt es sich? (AG, KG, GmbH & Co KG, OHG, Privatunternehmen, Institut..)	(x)	x	x	x	x	x	x	x	x	(x)			(x)		(x)	x	x
	1.3 Handelt es sich um eine nation./internation. Holding-/Muttergesellschaft, Tochtergesellschaft (von wem), Beteiligungsgesellschaft?	x	x	x	x	x	x	x	(x)	x	(x)			x		(x)	x	
	1.4 Wie sind die Kapital-/Vermögensverhältnisse?	(x)	(x)	(x)	x	x	x	(x)		x	(x)			x			x	
	1.5 Um welche Branche(n) handelt es sich? Welche Produktionszweige? (Pharma/Chemie, Eisenverarb., Metall, Energie, Nahrungsmittel o.ä.)	x	x	x	x	x	x	x	x	x	x	x	(x)	x	x	x		
	1.6 Ist das Unternehmen ein Industriebetrieb, Handelsunternehmen, Dienstleistungsunternehmen, eine Lehranstalt oder sonstiges?	x	x	x	x	x	x	x	x	x	x	x	x	(x)	x	x		
	1.7 Wo befindet sich der Hauptsitz des Unternehmens? (Inland, Ausland, Region, Bundesland, Stadtnähe etc.)	(x)	(x)	x	x	x	x	x	(x)	x	(x)			(x)	(x)	x	x	
2. Unternehmensentwicklung/ Branche	2.1 Wann Gründung/wie lange am Markt? Wann Fusion?	(x)	(x)	(x)	(x)	(x)	(x)	x	(x)	x	x				x	(x)	x	
	2.2 Gibt es einen Geschäfts-/Jahresbericht? Einblick möglich?	x	x								(x)				x		x	
	2.3 Liegen Umsatz-/Ergebniszahlen vor?	x	x						(x)								x	
	2.4 Welche Zukunftserwartungen hat die Branche?	x	x	(x)			x	x		(x)					x	x	x	
	2.5 Welche Zukunftserwartungen hat das Unternehmen?	(x)	(x)	(x)			(x)	(x)		(x)					x	(x)	x	
	2.6 Mitarbeiterstamm des Unternehmens: Gewerbl., Angestellte?	(x)	(x)	(x)				x	x	(x)	(x)	(x)	(x)	(x)	x	(x)	x	
3. Unternehmensorganisation	3. Wie ist das Unternehmen organisiert?																	
	3.1 – in Produktionsbereiche, Profitcenters, Niederlassungen, Ressorts	(x)	(x)					(x)		(x)					(x)	(x)	x	
	3.2 – in Positionen (Vorstand, Geschäftsführer, Bereichs-/Abt.-Leiter..)	(x)	(x)					(x)		(x)					(x)	(x)	x	
	3.3 – in Funktionen (Verkaufsleiter, Assistent der GF, Buchhalter..)									(x)					(x)	(x)	x	
	3.4 – in der Linie (entscheiden, ausführen und Kontrolle)		(x)					(x)		(x)						(x)	x	
	– in Stabstellen (analysieren, ausarbeiten, vorbereiten)		(x)					(x)		(x)						(x)	x	
	3.5 Gewerkschaftlicher Organisationsgrad/ Bindung an Tarifverträge?	(x)	(x)					x		(x)	(x)				(x)	(x)	x	
4. Unternehmensphilosophie	4.1 Sind Unternehmensziele/-richtlinien bekannt? Wenn ja, wo festgelegt?	(x)	(x)							(x)							x	
	4.2 Wie ist der Führungsstil des Unternehmens/ des Bereiches? (Indizes: Betriebsklima, Fluktuationrate, Altersaufbau, social benefits)	(x)	(x)					(x)		x							x	
5. Arbeitsplatz und soziales Umfeld	5.1 Standort des Arbeitsplatzes (Ort, Werk) Infrastruktur, Schulen...?							x		x					x	x	x	
	5.2 Wird der Arbeitsplatz neu besetzt oder wiederbesetzt? (Ausscheidungs-/Versetzungsgründe des Vorgängers? Einarbeitung durch Vorgänger oder andere gewährleistet, Einarbeitungsplan?)									x					x	(x)	x	
	5.3 Wie ist der Arbeitsplatz ausgestattet? Besichtigung möglich? (Großraumbüro, Einzelzimmer? Maschinen, Werkzeuge, Büromittel..?)							(x)		(x)							x	
	5.4 Kollegen-/Mitarbeiterkreis? Über- und Unterstellungsverhältnis?							(x)		x						(x)	x	

Persönliche Checkliste / Fragenkatalog

Fragen über — Welche Informationen *kann* ich über das Unternehmen / die Dienststelle wen ggf. vor und erst während des Bewerbungsgespräches erhalten?

Anm.: (x) Angaben nur, wenn das Unternehmen diese weitergegeben hat
– Unternehmens- und Personalberater geben nur Auskünfte, wenn sie mit der Suche und Auslese vom Unternehmen beauftragt worden sind
– Unternehmensdaten werden in der Presse nicht regelmäßig veröffentlicht, nur bei begründetem Anlaß
– Unternehmensdaten und -verzeichnisse, von Verlagen veröffentlicht, sind nicht immer auf dem aktuellen Stand gehalten
– Tarifverträge sind öffentlich einsehbar

Informationsquellen (Spalten):
1. Reg. u. überregionale Presse
2. Fachpresse (Handelsbl., Capital ...)
3. FAZ „Unternehmen stellen s. vor"
4. Commerzbank „Wer gehört zu wem?"
5. „Who is who?"
6. Verlag Hoppenstedt „Firmenverz."
7. IHK, Verband, Innung
8. Arbeitsbehörde / so. Stellen
9. Auskunfteien
10. Unternehmens-/Personalberater
11. Freunde, Nachbarn, Arbeitskolleg.
12. Fa.: „Tag der offenen Tür"
13. Fa.: über Zusammenarb. mit Univer.
14. Fa.: über telef. Vorabinformation
15. Fa.: über Personalanzeige/Ausschr.
16. Fa.: beim Vorstellungsgespräch
17. Fa.: Arbeitsvertrag/int. Regelung

Fragen über	Frage	1	2	3	4	5	6	7	8	9	10	11	12	13	14	15	16	17
6. Aufgaben, Verantwortung, Kompetenzen	6.1 Liegt eine Arbeitsplatz-/Stellenbeschreibung oder ein Funktionendiagramm vor? Wenn ja, ist Einblick (Kopie) möglich?										(x)	x				x	(x)	x
	6.2 Sind die Aufgaben detailliert und klar ausgedrückt? (Gewichtung nach Qualität, Quantität und Bedeutung für das Unternehmen)										x	x					x	x
	6.3 Ist der Verantwortungsrahmen in Bezug auf die Aufgaben deutlich herausgestellt? (.. in Eigenverantwortung, Mitarbeit bei .., auf Einzel-/anweisung ..)										(x)	x				x	x	x
	6.4 Sind die Kompetenzen festgelegt und gegenüber Kollegen/innen klar abgegrenzt? Zeichnungsberechtigung notwendig / wird erteilt wann? (Handlungsvollmacht (i. V.), Einzel-/ Gesamtprokura (ppa.-Handelsregister) .. setzt Ziele, entscheidet, weist an, kontrolliert, beurteilt ...)										(x)	x				x	x	x
7. Förderung und Entwicklung	7.1 Ist die Position vorerst Endstation? Mittelfristige, langfristige Entw.?										(x)						(x)	x
	7.2 Welche Fort- und Weiterbildungsmaßnahmen intern und extern?										(x)						(x)	x
	7.3 Möglichkeiten eines späteren Einsatzes in anderen Werken nation./intern.?										(x)						(x)	x
	7.4 In welchem Turnus finden Beurteilungen statt? Einfluß auf Einkommen?										(x)							x
8. Einkommen u. Entwicklung	8.1 Wo Informationen über das Einkommensniveau / Marktwert allgemein?	x	x					x	x	(x)	(x)	(x)						
	8.2 Wie hoch ist der Teil des tariflich abgesicherten Einkommens?	x	x													x	x	x
	8.3 Welche Rückschlüsse bietet das bisherige Einkommen zum neuen?										(x)	x					(x)	(x)
	8.4 Welche Eingruppierung für welche Position (tariflich/betrieblich)?										x	x					x	x
	8.5 Anteil Fixum zur Provision bei Einarbeitung und später?															x	(x)	x
	8.6 In welchem Turnus finden Einkommensveränderungen statt (n. Probezeit, jährl.)																	x
	8.7 Zusammensetzung der Zulagen (anrechenbar/leistungsabhängig)?																x	x
	8.8 Wird Lohn oder Gehalt auf Monats- oder Jahresbasis vereinbart?										x	x				x	(x)	x
	8.9 Anteil der Erfolgsbeteiligung/Gewinnausschüttung abhängig von?																x	x
	8.10 Abrechnungsverfahren als Angestellter / freier Mitarbeiter o.ä.?															(x)	x	x
9. Sonstige Leistungen	9.1 Alters- u. Hinterbliebenenversorg., betriebl. Ausgestaltung/Wartezeit?																x	x
	9.2 Gruppenunfallversicherung in welcher Höhe?																x	x
	9.3 Firmenwohnung bzw. wie Mithilfe bei Wohnungsbeschaffung?																x	
	9.4 Gestellung eines Firmenwagens? Privatfahrten in welchem Rahmen?																x	
	9.5 Regelungen über Personalrabatte, Firmendarlehen u.ä.?																x	
	9.6 Freizeitregelungen (Betriebsurlaub, sonstige Freistellungen)?																x	
	9.7 Regelungen während der Probezeit? Trennungsentschädigung, Heimfahrten, Umzugskosten und Nebenkostenregelung)																x	x
	9.8 Wann Mitteilung über erfolgreich absolvierte Probezeit/unbefristetes Arbeitsverhältnis? (wenn Probezeit befristet ist)?															x	x	x
10. Nebentätigkeiten	10.1 Welche Nebentätigkeiten wie Veröffentlichungen, Referate, Gutachten o.ä. bedürfen der vorherigen Genehmigung des neuen Arbeitgebers? Frage des Freizeitausgleiches regeln)																x	x
	10.2 Ausübung von Ehrenämtern (Schöffe, Arbeitsrichter) wie geregelt?																x	x

Quelle: G. Prollius in: »Personalführung« 10/85

Immer wichtiger für jüngere Bewerber ist der Spaß bei der Arbeit (s. Abb. auf Seite 111) und eine interessante Tätigkeit mit viel Selbständigkeit und Qualifizierungsmöglichkeiten. Oft zählt das heute mehr als die Höhe des Gehaltes.

Ganz wichtig ist es deshalb für den Bewerber, sich mit den einzelnen Tätigkeiten, die ihn am Arbeitsplatz erwarten, vertraut zu machen. Er sollte sich daher eine Stellenbeschreibung zeigen lassen (siehe Abbildung auf Seite 112/113). Über die Aussagen in der Stellenbeschreibung hinaus, oder auch wenn eine solche nicht vorhanden ist, empfiehlt es sich, vom künftigen Vorgesetzten zu erwartende Arbeitsergebnisse direkt am künftigen Arbeitsplatz demonstrieren zu lassen. Die Inaugenscheinnahme des vorher Gesagten oder Beschriebenen ist eine notwendige Ergänzung für den Bewerber. Nur so kann er sich ein abgerundetes Bild über die Tätigkeit machen, die ihn erwartet.

Wichtig zu wissen ist für den Bewerber:

– Ist der Arbeitsplatz neu oder vakant?
– Warum neu zu besetzen?
– Wer entscheidet über den Einsatz?
– Wer ist der direkte Vorgesetzte?
– Wer beurteilt die Arbeit?
– Wer entscheidet über Gehaltsentwicklung?

Für viele Bewerber ist es sehr wichtig, mit wem sie zusammen in einem Zimmer sitzen werden. Spontane Antipathie gegenüber den Kollegen wird sicherlich nicht dem Zustandekommen eines Arbeitsvertrages dienlich sein. Sobald dies sichtbar ist, wäre möglicherweise der Einsatz in anderer Umgebung zu erfragen.

Bewerber für Führungspositionen sollten zumindest die engsten Mitarbeiter kennenlernen. In einem Hamburger Unternehmen z. B. können die direkt unterstellten Mitarbeiter sogar bei der Auswahl neuer Vorgesetzter mitentscheiden. Dadurch wird zum Ausdruck gebracht, für wie bedeutend man die persönlichen Beziehungen zwischen dem Vorgesetzten und seinen Mitarbeitern für eine erfolgreiche Tätigkeit einschätzt.

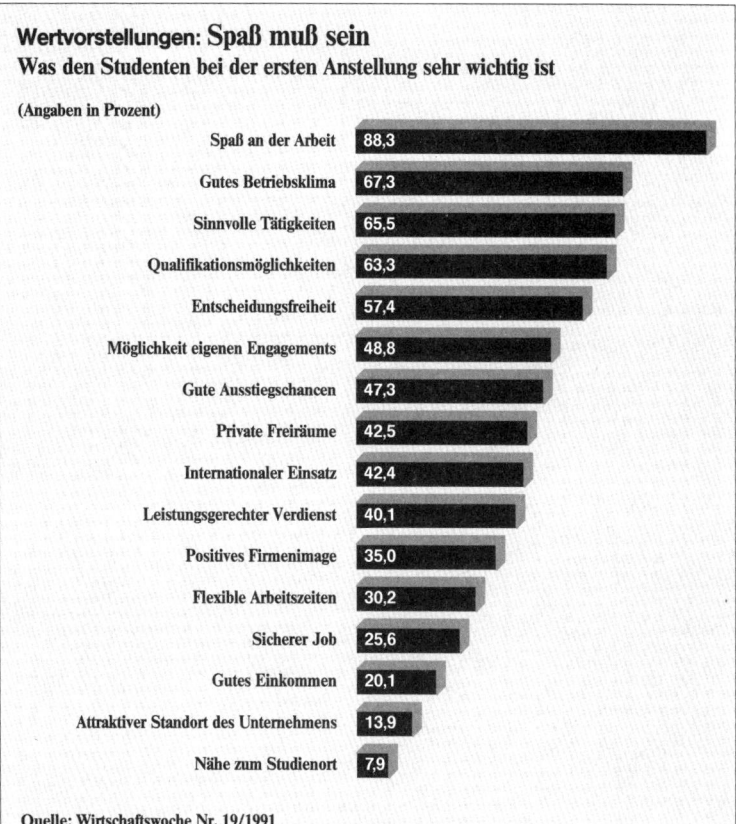

Wertvorstellungen: Spaß muß sein
Was den Studenten bei der ersten Anstellung sehr wichtig ist

(Angaben in Prozent)

Spaß an der Arbeit	88,3
Gutes Betriebsklima	67,3
Sinnvolle Tätigkeiten	65,5
Qualifikationsmöglichkeiten	63,3
Entscheidungsfreiheit	57,4
Möglichkeit eigenen Engagements	48,8
Gute Ausstiegschancen	47,3
Private Freiräume	42,5
Internationaler Einsatz	42,4
Leistungsgerechter Verdienst	40,1
Positives Firmenimage	35,0
Flexible Arbeitszeiten	30,2
Sicherer Job	25,6
Gutes Einkommen	20,1
Attraktiver Standort des Unternehmens	13,9
Nähe zum Studienort	7,9

Quelle: Wirtschaftswoche Nr. 19/1991

	STELLENBESCHREIBUNG	KENNZIFFER z.08.290.3.XX

1. Stellenbezeichnung Abteilungssekretärin FB	2. Rangstufe	3. Ersatz für Abteilungssekretärin- 07.031.3.XX-

4. Zielsetzung / Aufgabenstellung

Wahrnehmen aller Sekretariatsaufgaben mit umfangreicher Aufgabenstellung sowie Erledigung des Schriftverkehrs in einem Bereich aus wechselnden Sachgebieten. Führen der Steuerkartei und Bearbeiten der Grundsteuerzahlungen.

5. Stellenbezeichnung des unmittelbaren Vorgesetzten

Abteilungsleiter FB

6. Stellenbezeichnungen der direkt unterstellten Mitarbeiter

%

7. Der Stelleninhaber wird vertreten von

selbst. kaufmännische Angestellte Hauptbuchhaltung

8. Der Stelleninhaber vertritt

9. Spezielle Befugnisse (Hier sind spezielle Vollmachten und Berechtigungen aufzuführen, die nicht an die Rangstufe gebunden sind und darum über die allgemeine Vollmachtenregelung hinausgehen.)
Der Stelleninhaber darf die im Rundschreiben 100 für seine Rangstufe festgelegten Vollmachten nur in dem Umfange ausschöpfen, wie dieses zur Erfüllung der im Feld 10 seiner Stellenbeschreibung wiedergegebenen Aufgaben und Kompetenzen notwendig ist.

Anforderungen an Werkküchen,
Anforderung von Büro- und Lagermaterial,
Aufträge an Vervielfältigungsbetriebe,
Fahraufträge.

10. Beschreibung der fachlichen Tätigkeiten, die der Stelleninhaber im Rahmen der Führungsgrundsätze selbständig auszuführen hat.
Der Stelleninhaber

- schreibt nach Diktat oder anderen Unterlagen internen und externen Schriftverkehr für den unmittelbaren Vorgesetzten und ggf. nach dessen Weisungen auch für andere Mitarbeiter.

- registriert ein- und ausgehenden Schriftwechsel und führt ein Nummernverzeichnis (z.B. für Mitteilungen und Aktenvermerke; Posteingangsbuch).

- sichtet die eingehende Post und leitet sie an die zuständigen Stellen des Bereiches weiter.

- vereinbart bzw. registriert Termine für Besprechungen des Vorgesetzten mit Mitarbeitern und Besuchern, überwacht die Einhaltung der Termine, mahnt ggf. an und führt den Terminkalender sowie die Wiedervorlagemappe.

- empfängt und betreut Besucher.

- wickelt die erforderlichen Formalitäten für Besprechungen und Reisen ab, bereitet Unterlagen vor und erstellt die Reiseabrechnungen.

- meldet Fehlzeiten und Dienstreisen des Vorgesetzten an das HA-Sekretariat.
- vermittelt Telefongespräche für den Vorgesetzten und führt in eigener Verantwortung entlastende telefonische Absprachen für ihn.
- fertigt Fotokopien an.
- fordert Büromaterial, Nahrungs- und Genußmittel an und verwaltet den jeweils vorzuhaltenden Bestand.
- führt Handbücher und Informationsübersichten (z.B. Rundschreiben, Personal- und Sozialpraxis, Loseblattsammlungen).
- führt interne Verteilerschlüssel für Zeitungen und Zeitschriften, gibt diese entsprechend einem Verteilerplan in Umlauf und klärt ggf. Anfragen und Anmahnungen der Fachbücherei.
- verwaltet die Fachbibliothek der Abteilung, überwacht das Ausleihen an andere Bereiche und legt sämtliche Ergänzungslieferungen für die Fachbibliothek ab.
- schreibt Beurteilungen sowie vertrauliche Mitteilungen.
- führt die Personalkarten.
- schreibt Fehlzeit und Gesundmeldungen und leitet sie an PV weiter, schreibt Meldungen über Wohnungswechsel, Änderungen des Familienstandes, Anträge auf Beihilfen und leitet sie an die zuständigen Fachbereiche weiter, führt die Urlaubsliste.
- meldet Änderungen des HEW-Fernsprechbuches für FB an NEF.
- erledigt die gesamte Ablage.

- führt die Grundsteuerkartei.
- bearbeitet die regelmäßigen vierteljährlichen Grundsteuerzahlungen sowie Abschlußzahlungen auf der Grundlage der Grundsteuerkartei und veranlaßt die rechtzeitige Aufnahme der Zahlungen in den Steuerzahlungsplan.
- führt die Steuerzahlungskartei (Eintragung des Steuersolls und der Steuerzahlungen in kontenmäßiger Darstellung).
- rechnet sämtliche Steuererklärungen sowie alle dazugehörigen Anlagen nach.
- schreibt die Überweisungsträger für Steuerzahlungen.

Bei der Stellenbeschreibung wurde eine rationelle Arbeitsverteilung berücksichtigt. Diese Arbeitsverteilung wird — soweit nicht bereits geschehen — spätestens innerhalb der nächsten 12 Monate verwirklicht.

Datum 14.5.1984	Datum	Einführungsdatum 16.5.1984
unmittelbarer Vorgesetzter	Abteilungsleiter oder HA-Leiter	Organisation

Änderungsvermerke

113

Die Arbeitszeit – Zeitsouveränität

Die Information über die Arbeitszeit gewinnt heute immer mehr an Bedeutung. Bewerber legen mehr Wert darauf, ihre persönlichen Bedürfnisse in größerem Umfang befriedigen zu können, und schätzen die Freizeit höher oder gleichwertig mit der Arbeitszeit – ohne deshalb nicht auch sehr gute Mitarbeiter zu sein. Diese Entwicklung schreitet fort.

Ein stärkeres Interesse an einer längeren und insbesondere zeitlich günstigen Freizeit zur Erfüllung der privaten Wünsche steht deshalb fast gleichberechtigt neben den Gehaltsvorstellungen. Auch die Unternehmer sind vermehrt an Teilzeitbeschäftigten und flexiblen Arbeitszeiten interessiert. Deshalb sind vom Unternehmen besonders folgende Punkte zu erfragen:

- Feste Zeiten für Arbeitsbeginn und Arbeitsende oder Bedingungen bei der gleitenden Arbeitszeit;
- verschobene Arbeitszeit oder andere flexible Arbeitszeiten;
- Umfang der zu erwartenden Überstunden;
- Einsatz an Wochenenden;
- Einschränkungen in der Wahl der Urlaubszeit;
- Schichtarbeit,
- Umfang von Bürotätigkeiten und Außendienst;
- notwendige Dienstreisen mit längerer Abwesenheit.

Es ist sicherlich nicht ratsam, diese Fragen an den Anfang des Gespräches zu stellen, aber auch nicht darauf zu verzichten.

Gehaltssystem und Einstellungsgehalt

Die Einkommensstruktur ist in den Betrieben sehr unterschiedlich, so daß ein Bewerber es oft schwer hat, zu erkennen, ob er ein angemessenes Einstellungsgehalt angeboten erhält oder nicht. Es gibt selten echte Bewertungskriterien für die einzelnen Tätigkeiten. Je nach Angebot und Nachfrage auf dem Arbeitsmarkt wird mit höheren oder niedrigeren übertariflichen Zulagen gearbeitet, um den notwendigen Personalbedarf zu decken. Daß dabei Ungerechtigkeiten nicht zu vermeiden sind, ist verständlich.

Die Gespräche über das Einstellungsgehalt leiden deshalb erfahrungsgemäß meistens darunter, daß sie nicht mit aller Offenheit und Klarheit vom Personalleiter geführt werden. Der Bewerber durchschaut nicht die Gehaltsstruktur des Unternehmens und erhält bewußt undeutlich gehaltene Gehaltsangaben.

Es gibt Bewerber, vor allem aus einer anderen Branche, deren Gehaltsvorstellung weit unter den üblichen oder in diesem Unternehmen bisher gezahlten Gehalt liegt. Dann neigen die Unternehmen dazu, diese Möglichkeit der Einstellung zu einem niedrigen Gehalt zu nutzen. Damit haben sie zwar vorübergehend gespart, obwohl die Gefahr besteht, daß der neue Mitarbeiter von dem höheren Gehalt der anderen erfährt, und mit Recht glaubt, daß seine Leistungen unterbewertet werden, er zieht die Konsequenzen, und das Unternehmen muß eine Neueinstellung vornehmen, die eventuell mit größeren Kosten verbunden ist. Personalleiter sehen diese Nachteile immer mehr und versuchen derartige Differenzen zu vermeiden und ein objektives Gehalt zu vereinbaren. So gibt es immer wieder Situationen, daß ein Bewerber von dem subjektiv hoch erscheinenden Gehaltsangebot überrascht wird, obgleich er vielleicht mit seinen Wünschen gar nicht so bescheiden schien. Natürlich gilt das auch umgekehrt, so daß Bewerber oft ihre Wünsche zurückschrauben müssen.

Sehr deutliche Fragen über die wirklichen Einkommensmöglichkeiten im Rahmen des Gehaltssystem des neuen Unternehmens sind die Voraussetzung für den Bewerber, um seine Gehaltsforderung angemessen zu stellen. Im Vorstellungsgespräch sollte er sich dazu genügend Informationen beschaffen. Für die Bewerber ist es einfach in Unternehmen, die eine analytische Arbeitsplatzbewertung eingeführt haben, mit der sie den Arbeitswert der verschiedenen Arbeitsplätze ermitteln und die entsprechenden Gehälter festlegen.

Wenn vernünftige Stellenbeschreibungen oder Arbeitsplatzbeschreibungen für die einzelnen Tätigkeiten des Unternehmens vorliegen, so ist deren Bewertung nur noch ein konsequenter Schritt, für den bereits erfolgreich getestete Hilfsmittel zur Verfügung stehen. Infolge der damit verbundenen Offenlegung der Gehälter kann dem Bewerber Gewähr gegeben werden, daß er nicht benachteiligt oder bevorzugt wird. Solche Verfahren sollte der Bewerber sehr hoch einschätzen, denn er wird als Betriebsangehöriger später kaum in die Situation kommen, daß Kollegen unverdienterweise zu niedrige oder höhere Gehälter erhalten. Eine Transparenz des Gehaltssystems im Unternehmen fördert das Zustandekommen eines sachlichen anforderungs- und leistungsbezogenen Gesprächs über das Einstellungsgehalt. Der Bewerber sollte deshalb unbedingt fragen:

- nach welchem System die Gehälter festgelegt werden,
- welche leistungsabhängigen Prämien möglich sind,
- wie die Kriterien sind,
- welche Lohnzusatzleistungen es gibt,
- ob es einen Entgelttarifvertrag gibt,
- zu welchem Zeitpunkt die Gehälter überprüft werden,
- wie die persönliche Gehaltsentwicklung beurteilt wird,
- wovon diese Entwicklung abhängig ist,
- wie hoch das Gehalt nach der Probezeit sein wird.

Sehr wichtig für den Bewerber ist es, alles was ihm in diesem Zusammenhang zugesagt wird, festzuhalten, und soweit es sich um Zusagen handelt, möglichst schriftlich bestätigen zu lassen. Spätere Differenzen über die Absprachen sind für beide Teile oft unerfreulich. Und noch eins muß der Bewerber wissen:

Die zunehmende Zahl der Angestellten zuungunsten der Arbeitertätigkeiten sowie die veränderten Arbeitsanforderungen führen immer mehr dazu, daß Löhne und Gehälter monatlich gezahlt werden. Erste Überlegungen für vierteljährliche oder halbjährliche Gehaltszahlungen werden diskutiert. Bei den Einstellungsverhandlungen wird daher immer weniger von Stundenlöhnen und immer mehr von Monatsgehältern gesprochen. Bei Bewerbern mit höherer Qualifikation hat es sich bereits eingebürgert, bei Gehaltsgesprächen von Jahresgehältern zu sprechen. Dadurch wird dem Bewerber der Vergleich zu seinem bisherigen Einkommen erleichtert. Aber auch hier ist präzise nach der Gehaltszusammensetzung und den Zahlungsterminen für die einzelnen Gehaltsbestandteile zu fragen.

Sonstige Leistungen des Unternehmens für seine Beschäftigten

Der zunehmende Wert der Freizeit veranlaßt manche Bewerber, solche Unternehmen vorzuziehen, die ihm mehr Urlaubstage und flexible Arbeitszeiten anbieten können. Dabei ist genau darauf zu achten, daß viele Unternehmen zum Beispiel den Sonnabend bereits nicht mehr bei der Urlaubsberechnung zu den tariflichen Mindestforderungen gewähren. Solche Vorteile müssen in den Bewerbungsgesprächen erfragt werden.

Weitere freiwillige, betriebsindividuelle Leistungen sind in den Vorstellungsgesprächen zu erfragen. Bewerber, die an sozialen Leistungen interessiert sind, werden ihre Entscheidung von der Höhe solcher Leistungen abhängig machen. Sie identifizieren damit die generelle Haltung des Unternehmens gegenüber den Beschäftigten und nehmen an, daß diese Haltung auch in anderen Dingen eine größere Zufriedenheit gewährleistet, was nicht unbedingt stimmen muß. Folgende Punkte muß der Bewerber sich hierzu erläutern lassen, um gleich bei der Einstellung die Zusagen für Leistungen zu erhalten, die nicht immer automatisch an alle Mitarbeiter gewährt werden und nach der Einstellung dann auch kaum noch zugesagt werden.

- übertarifliche Zulagen
- Anrechnung von Berufsjahren auf Gehalt oder andere betriebliche Leistungen
- Leistungszulagen
- Werksverpflegung
- werksärztliche Unterstützung
- Unterstützung in Notlagen
- Mitgliedschaft in der Betriebskrankenkasse
- Fahrgeldzuschuß
- betriebliche Altersversorgung
- Urlaubsgeld, Weihnachtsgeld
- Beteiligung am Unternehmensergebnis
- Belegschaftsaktien
- Erfolgsbeteiligung

Da die betriebliche Altersversorgung für viele Bewerber mit geringer werdenden Rentenerwartungen von sehr großer Bedeutung ist, muß der Bewerber sich folgende Punkte beantworten lassen:

Checkliste zum Thema Altersversorgung für das Vorstellungsgespräch

- In welcher Relation steht die Pensionszusage zum letzten Gehalt? Wichtig: die prozentuale Pensionszusage bezieht sich meist nicht auf das gesamte Jahreseinkommen, sondern lediglich auf einige Gehaltsbestandteile.
- Nach welcher Betriebszugehörigkeit (Alter) besteht ein Anspruch?
- Besteht ein Anspruch auch bei vorzeitiger Pensionierung? Welcher? Gibt es einen Abschlag?
- Besteht ein Widerrufsvorbehalt, falls der Betrieb in wirtschaftliche Schwierigkeiten gerät oder in sonstigen Fällen?
- In welcher Weise ist für den Krankheitsfall oder die Invalidität vorgesorgt? Haben die Hinterbliebenen (Witwen, Waisen) im Todesfall einen Anspruch auf eine Rente?
- Inwieweit werden aufgrund anderer Versorgungsansprüche oder Zahlungen die Leistungen aus der betrieblichen Altersversorgung reduziert (Auszehrung)?
- Wie hoch ist die Mindestrente?
- Nach welchem Modus ist die Angleichung der Pension an die allgemeine Lohn-, Gehalts- und Preisentwicklung geregelt (Dynamisierung)?
- Besteht eine Wahlmöglichkeit, ob die Altersversorgung in Form einer Rente oder als Kapitalauszahlung erfolgt?
- Besteht auch eine Verbesserung der Pension durch längere Beschäftigung über die Altersgrenze hinaus?

Hier ist genau zu erklären, von welchen weiteren Voraussetzungen die Gewähr dieser Leistungen abhängig ist. Für die Dauer der Betriebszugehörigkeit kann über Leistungen im Einstellungsgespräch noch verhandelt werden, inwieweit frühere Berufsjahre anderer Arbeitgeber angerechnet werden. Später sind die Chancen dazu wesentlich geringer.

Oft bestimmen Tarifverträge die Leistungen des Unternehmens. Soweit dies nicht gilt, sind die Vertragsverhandlungen über den Eintritt in das Unternehmen der günstigste Zeitpunkt zur Durchsetzung günstiger Vertragsbestandteile. Deshalb sollte jeder Bewerber, für den sich das Unternehmen sehr interessiert, auf dessen Eintritt großen Wert gelegt wird, versuchen, besonders günstige Vertragszusagen zu vereinbaren (s. Beispiele).

Sie sollten versuchen, über folgende Punkte eine vertragliche Vereinbarung zu erhalten:

1. Jährliche Anpassung der Bezüge an Leistung und Lebenshaltungskostenentwicklung
2. Erfolgsbeteiligung
3. Bezahlte Weiterbildungstage p/a
4. Erlaubnis für Nebentätigkeit, die die Aufgabenerfüllung nicht beeinträchtigt
5. Kündigungsfrist 1 Jahr von beiden Seiten
6. Abfindungsregelung bei schuldlosem Ausscheiden
7. Alle 2 Jahre Gespräche über Aufstiegsmöglichkeiten
8. Keine Umsetzung/Versetzung ohne Zustimmung
9. Altersversorgungszusage

Weiterbildungsmöglichkeiten

Das Interesse an Entwicklungs- und Aufstiegsmöglichkeiten muß für den Bewerber ein sehr erheblicher Faktor für seine Entscheidung sein. Das sollte auch für Bewerber gelten, die einen Stellenwechsel eher wegen einer möglichen Gehaltserhöhung als für die Ermöglichung eines beruflichen Aufstiegs wahrnehmen. Achtung! Unternehmen mit modernem Führungsstil und guter Personalorganisation schaffen viele Aufstiegsmöglichkeiten im Unternehmen und machen diese sichtbar. Sie stellen zwar oft Bewerber mit einem geringen Gehalt ein. Das Aufsteigen in höherwertige Positionen erfolgt meistens durch Betriebsangehörige und setzt in fast allen Fällen eine höhere Qualifikation voraus. Dir großzügige Unterstützung der Mitarbeiter durch das Unternehmen bei Weiterbildungsmöglichkeiten ist daher ein sehr wichtiger Faktor für die Beurteilung des Unternehmens. Die innerbetrieblichen Weiterbildungen im Rahmen der neuen Stellung, um immer den neuesten Kenntnisstand für die Durchführung der Aufgaben bei Änderungen durch den technischen Fortschritt zu erlangen, ist heute für jeden am Aufstieg Interessierten von elementarer Bedeutung. Wer vorankommen möchte, sollte darauf achten, was die Firma hierzu zu bieten hat und welche Rechte oder Chancen zur Teilnahme an der Weiterbildungsveranstaltung für ihn bestehen.

Unternehmen mit einem starken innerbetrieblichen Ausbildungswesen bieten darüber hinaus den Mitarbeitern durch außerbetriebliche Kurse und Seminare die Möglichkeit zur Qualifizierung für höherwertige Tätigkeiten innerhalb des Unternehmens. Solche Möglichkeiten müssen in den Vorstellungsgesprächen erörtert werden. Dabei ist es in erster Linie unerheblich, ob die Weiterbildung während der Arbeitszeit oder im Anschluß an die Arbeitszeit möglich ist. Wenn nur die Voraussetzungen für das Lernen innerhalb der betrieblichen Gemeinschaft einerseits und die Gewähr für einen Aufstieg nach bewiesener Qualifikation vorhanden ist.

Erfolgreiche Unternehmen unterstützen ebenfalls die innerbetriebliche Mobilität der Mitarbeiter. Junge und dynamische Bewerber sollten Unternehmen bevorzugen, in denen sie ein vielseitiges Einsatzfeld vorfinden und nicht gezwungen sind, die einmal eingenommene Position auf Dauer behalten oder für einen Wechsel kündigen zu müssen. Die innerbetriebliche Ausschreibung aller freien Positionen ist daher eine weitere wichtige Information für Bewerber, die den Entschluß zum Eintritt ins Unternehmen fördern sollte.

Personalführungsgrundsätze

Immer mehr Unternehmen gehen dazu über, moderne Führungsleitlinien einzuführen. Sie wollen damit die Selbständigkeit und

Verantwortung der beschäftigten Mitarbeiter auf allen Ebenen verbessern. Unternehmen, die mit modernen Führungstechniken und Hilfsmitteln arbeiten, wie zum Beispiel mit verbindlichen Führungsgrundsätzen, sollten daher von Bewerbern einen Vorzug erhalten. Das Ausmaß der Entscheidungsbefugnisse, besseres Informationssystem, genaue Zielsetzung, verbunden mit Mitarbeitergesprächen und Leistungsbeurteilungen für die einzelnen Aufgaben, können dem Bewerber bereits innerhalb des Vorstellungsgespräches den Eindruck vermitteln, wie ernst im Unternehmen Zusammenarbeit und gute Personalführung genommen werden. Schriftlich festgehaltene Personalführungsanweisungen oder Führungsleitlinien sollte sich der Bewerber deshalb bei seiner ersten Vorstellung zur Einsicht aushändigen lassen. Das gilt gleichermaßen für andere verbindliche Unterlagen im Rahmen des Arbeitsverhältnisses (wie z. B. Tarifvertrag).

Führungsgrundsätze enthalten Rechte und Pflichten für Mitarbeiter und Vorgesetzte. Hier erkennt der Bewerber den Führungsstil, der im Unternehmen gewünscht wird. Er erfährt etwas über die Formen der Zusammenarbeit und den Stellenwert der Person in der Unternehmenspolitik.

5. Welche Gesprächstechniken wendet der Interviewer an? Wie sollten Sie reagieren?

Das Vorstellungsgespräch unterscheidet sich für den Unternehmer in seiner Zielsetzung entscheidend von dem Verkaufs- oder Beratungsgespräch des Vertriebs, obwohl es in den Gesprächen gleichermaßen auf einen beiderseitigen Erfolg ankommt.

Auch die Gespräche zwischen Führungskräften und den Mitarbeitern im Unternehmen, die Dienstgespräche und Mitarbeitergespräche, die Diskussionen und Konferenzen unterscheiden sich in ihrer Zielsetzung wesentlich von dem Vorstellungsgespräch. In den genannten Fällen geht es im wesentlichen um materielle und sachliche Dinge, Probleme und Entscheidungen, seltener um so entscheidende persönliche Situationen für den Bewerber. Das gilt auch für die Anerkennungs- und Kritikgespräche zwischen Vorgesetzten und Mitarbeitern. Auch diese Gespräche haben – wie alle anderen genannten – eine Einflußnahme zum Ziel: das Gegenüberstellen von Forderungen sowie positiven Folgen oder negativen Konsequenzen bei Nichterfüllung.

Anders beim Vorstellungsgespräch. Hier geht es um das Erkennen, nicht um das Einflußnehmen. Der Diagnose folgt keine Therapie, noch eine Suche danach. Weder der Personalleiter noch der Bewerber wollen den anderen beraten, sondern nur ein Angebot analysieren, beurteilen und sich selbst präsentieren.

Im Vorstellungsgespräch geht es um schwer beurteilbare und faßbare Eigenschaften und Empfindungen.

Das Vorstellungsgespräch ist aus menschlicher Sicht viel »hautnaher« als jegliche Einkaufs-, Verkaufs- oder Beratungsgespräche.

Der Weg zu einem Vorstellungsgespräch ist für die meisten nicht alltäglich. Auch bei dem heute üblichen mehrfachen Arbeitsplatzwechsel im Berufsleben bedeutet jeder Firmenwechsel einen entscheidenden Einschnitt in das Leben des Menschen. Für meistens lange Zeit wird er mit anderen Menschen und in anderer Umgebung tätig sein, was wiederum auf sein Verhalten Einfluß und auch Einwirkung auf sein privates Leben hat. Die persönliche Entwicklung wird durch eine andere Umgebung entscheidend mitgeformt.

Für eine mögliche positive Einflußnahme auf die Gesprächsführung durch den Bewerber gehört es, sich mit den möglichen Taktiken des Personalleiters vertraut zu machen und im Gespräch darauf einzustellen.

Einfache Checkliste des Bewerbers für Fragen beim Vorstellungsgespräch

1 Ziele und Aufgaben des Unternehmens/der Abteilung
   a) Darstellung des Unternehmens (Gesellschaftsform, Versorgungsgebiet, Betriebsstätten, Führungssystem)
   b) Ziel und organisatorische Gliederung der Abteilung
   c) Wesentliche Aufgaben des Bereiches

2 Neuer Arbeitsplatz und auszuführende Tätigkeiten
   a) Stellenbeschreibung/Aufgaben
   b) Entscheidungbefugnisse (Vollmachten)
   c) Sonderaufgaben
   d) Hierarchische Stellung
   e) Direkter Vorgesetzter
   f) Mitarbeiter
   g) Vertretung

3 Arbeitsbedingungen am neuen Arbeitsplatz
   a) Arbeitszeit (Gleitzeit)
   b) Schichtdienst
   c) Bereitschaftsdienst
   d) Außendienst
   e) Einsatzort
   f) Erschwernisse
   g) Zusammenarbeit mit anderen Bereichen
   h) Kontakte zu Stellen außerhalb des Hauses

4 Bedingungen des Arbeits- und Tarifvertrages
   a) Urlaubsdauer
   b) Altersversorgung
   c) Kündigungsfristen
   d) Gehaltsfortzahlung bei Krankheit
   e) Umzugskostenerstattung
   f) Wohnungshilfe
   g) Dienstreisebedingungen
   h) Unterstützungseinrichtung
   i) Nebentätigkeit

5 Entwicklungsmöglichkeiten auf dem neuen Arbeitsplatz
   a) Entwicklungsmöglichkeiten
   b) Gehaltliche Entwicklung
      – Eingangsgruppe
      – Stufenweise Eingruppierung unter Beachtung des Ausbildungsstandes
   c) Weiterbildungsmöglichkeiten

Der Arbeitgeber wird zuerst den Kontakt zum Bewerber herstellen

Das Wort Kontakt, sagt der Psychologe C. J. Schürmann, besteht aus zwei Teilen und bedeutet eigentlich »Gemeinsamberührt-Sein«. Dieses Gemeinsam-berührt-Sein können wir nicht bewußt herbeiführen oder steuern. Etwas Unbekanntes in uns schlägt an, das ein Gespräch erleichtert, es auflockert und angenehm macht. Der Kontakt wird weitgehend mit bestimmt von den Bedürfnissen und Rollen der Gesprächspartner. Auch bei einem Vorstellungsgespräch gibt es immer Rollenbeziehungen, die einen fördernden oder hemmenden Einfluß auf den Verlauf des Gesprächs ausüben. Die ganze Haltung und das Auftreten der Gesprächspartner, ihr Alter, Rang und die Umgebung, in der sie sich befinden, spielen dabei eine Rolle.

Der Personalleiter befindet sich bei dem Vorstellungsgespräch in der Rolle des Repräsentanten des Unternehmens. Das allein genügt oft, den Bewerber befangen zu machen. Auch die gegenseitige Rangvorstellung beeinflußt das Gespräch. Es ist bekannt, daß die Bewerber im allgemeinen bestrebt sind, eher mit Höhergestellten als mit Untergeordneten zu sprechen. Ein junger Interviewer wird zum Beispiel einen unterschiedlichen Einfluß auf das Interview ausüben, je nachdem, ob der Bewerber jung oder alt ist.

Doch der Bewerber sollte diesem Umstand wenig Beachtung schenken und so natürlich wie möglich sein, auch der Arbeitgeber wird sich bemühen, das Klima zu entspannen.

Alle gesprächshemmenden Einflüsse wird er soweit wie möglich eliminieren. Dazu wird er einige Hilfsmittel anwenden. Um dem Bewerber die erste Befangenheit zu nehmen, wird er das Gespräch mit einer unverbindlichen Bemerkung eröffnen, zum Beispiel: Wie war die Anreise? Das Wetter? Der Verkehr? usw.

Dabei wird der Interviewer dem Bewerber für die Bewerbung danken und für die prompte Erledigung der vorangegangenen Post. Auch die Versicherung, daß die Vertraulichkeit auf alle Fälle gewahrt bleibt, wird zu Beginn des Gespräches sehr nützlich sein. Solche einleitenden Worte sollen dem Bewerber helfen, sich an die vorgefundene Situation zu gewöhnen und diese aufzulockern.

Auch das gemeinsame Anzünden einer Zigarette soll über die ersten Minuten hinweghelfen. Bevor man zum eigentlichen Thema des Zusammenseins kommt, wird der Personalleiter die Einladung begründen. Bei der Begründung steht nicht das Kennenlernen des Bewerbers im Vordergrund, sondern der Wunsch, dem Bewerber mehr über die auszuführende Tätigkeit im Unternehmen zu sagen und zu zeigen, als mittels der Anzeige oder des Schriftverkehrs möglich war.

Fazit für den Bewerber: Gewähren lassen, denn so kann es lokkerer werden – was immer von Vorteil für Sie ist.

Der Arbeitgeber wird möglichst ein halb-standardisiertes Interview führen

Es wird von einem standardisierten Interview gesprochen, wenn die Fragen vor dem Interview genau festgelegt worden sind und mit dem gleichen Wortlaut und in der gleichen Reihenfolge allen Bewerbern gestellt werden. Bei einem nicht standardisierten Interview bestimmt dagegen der Personalleiter aufgrund der jeweiligen Situation die Fragestellungen und den Verlauf des Gesprächs. Die Erfahrungen zeigen, daß für ein Vorstellungsgespräch die Kombination beider Techniken empfehlenswert ist. In einem Vorstellungsgespräch sollen einerseits ganz bestimmte Themen behandelt und Fragen dazu gestellt werden. Darüber wurde ausführlich im vorhergehenden Kapitel über den Inhalt des Interviews gesprochen. Hier sind auch Fragen genannt worden, auf die in einem Vorstellungsgespräch nicht verzichtet werden sollte.

Zu stark standardisierte Interviews wirken allerdings bisweilen gespreizt oder unnatürlich. Der Bewerber wird in eine Defensive gedrängt, wenn er fühlt, wie er getestet wird. Nicht standardisierte Interviews lassen ein elastischeres Vorgehen des Interviewers zu und ermuntern zur lebensnahen Antwort. Das nicht strukturierte Interview hat mehr den Charakter einer Unterhaltung, wie sie im wirklichen Leben vorkommt. »Es ist anzunehmen, daß es dem Befragten gestattet, seinem natürlichen Gedankengang zu folgen und daß es daher auch dahin tendiert, Material aufzudecken, das den

Forscher zu einer Vorhersage befähigt, was der Befragte im wirklichen Leben tut oder sagen würde«, sagt König in seiner Analyse der Interviewtechnik. Der Personalleiter wird also versucht sein, eine solche angenehme Gesprächsatmosphäre aus eigenem Interesse herzustellen. Diese Vorgehensweise kann auch dem Bewerber nützen, und so sollte er ein solches Vorgehen begrüßen. So kann er sich ungezwungen präsentieren, muß nur aufpassen, daß er in dieser Situation nicht übermütig wird, unkontrolliert zu plaudern beginnt und Schwächen zeigt.

Fazit für den Bewerber: Eine Beweglichkeit kommt dem Vorstellungsgespräch sehr zugute. Der Bewerber muß sich auf den Fragenden einstellen, ohne dabei die Bedeutung der Fragen für ihn aus den Augen zu verlieren. Ein halb-standardisiertes kontakt-bezogenes Interview kommt dabei auch seinen Wünschen am nächsten.

Der Arbeitgeber wird das Gespräch durch bestimmte Fragen zu lenken versuchen

Vorstellungsgespräche werden trichterförmig geführt: Das heißt, zuerst beginnt der Arbeitgeber mit einer allgemeinen Frage zu den verschiedenen Gesprächsthemen, eine Frage, bei der dem Bewerber viele Wege zur Beantwortung offenbleiben. Am Anfang steht also die offene Frage. Sie verlangt von dem Bewerber, sich an etwas zu erinnern. Die offene Frage fördert den Kontakt, weil das Gespräch zwischen dem Interviewer und dem Bewerber dabei mehr wie eine normale Unterhaltung erscheint. Der wesentliche Sinn dieser Technik liegt darin, daß sie das Studium der spontanen Bezugssysteme des Bewerbers gestatten soll, daß der Bewerber antwortet, bevor ihm eine Gedankenfolge nahegelegt wurde. Damit möchte der Personalleiter Wissenheit, Unwissenheit oder besondere unerwartete Bezugssysteme entdecken.

Nach der offenen Frage folgen dann trichterförmig immer mehr geschlossene Fragen über die Punkte, die den Personalleiter besonders interessieren. Zum Schluß werden dann präzise Fragen folgen, die nur klare Antworten zulassen sollen.

Bei richtiger Fragestellung geht der Interviewer im weiteren vom Objektiven zum Subjektiven. Er stellt dem Bewerber die schwierigsten persönlichen Fragen nicht am Anfang, sondern zuletzt, wenn er sich davon überzeugt hat, daß der Bewerber interessant für das Unternehmen ist. Am Anfang stehen also die sachlichen Fragen, die sich auf Inhalt und Dauer der verschiedenen Ausbildungen und Arbeitsverhältnisse beziehen usw. Wenn über diese Punkte lange genug gesprochen wurde, erwartet man von dem Bewerber, daß er viel schneller bereit ist, über sich selbst zu sprechen.

Wenn der Personalleiter auf seine Frage keine ausreichende Antwort erhält, dann stellt er Sondierungsfragen. Die Sozialforschung hat die Erfahrung gemacht, daß Sondierungsfragen meist den Bewerber in einem gewissen Umfang beeinflussen. So schreibt König: »Selbst wenn die Aussage eines Befragten lediglich wiederholt oder eine völlig neutrale Frage hinzugefügt wird, wie etwa ›Erzählen Sie mir doch mehr davon‹, oder ›Warum denken Sie das?‹ wird die bloße Tatsache, daß ein bestimmter Punkt des Interviews vom Interviewer zum Sondieren ausgewählt worden ist, den Bewerber auf einen Weg lenken, der sich von dem alltäglichen unterscheidet. Tatsächlich besteht ja die Absicht bei Anwendung der Sondierungsfragen genau darin, dies zu erreichen. Solche Sondierungsfragen bringen demnach die Chance für den Bewerber mit sich, daß sie bereits die Richtigkeit der Antwort vorbestimmen.«

Wenn die Fragen für den Personalleiter nicht genügend beantwortet sind oder er die Aussagen bezweifelt, wird er sogenannte Filterfragen stellen, wie zum Beispiel:

»Wie heißt denn noch der Einkaufsleiter dieser Firma, von der Sie gerade sprachen?«
»Mit wem haben Sie dort gesprochen?«

Auch Kontrollfragen können kommen, wie zum Beispiel:

»Wie steht diese Angabe im Zusammenhang mit Ihrer Angabe im Lebenslauf?«

Fazit für den Bewerber: Das Gespräch lenken heißt demnach, Gesprächsfolge und -länge zu bestimmen, Themenwahl und Tiefe des Gesprächsinhalts zu beeinflussen, und das alles zielgerichtet durchzuführen. Um richtig zu reagieren, muß der Bewerber beachten, daß er die einzelnen Stationen des Gesprächs und dessen Zielrichtung erkennt. Nur dann kann er sich darauf einstellen und so antworten, wie und wann er es gern möchte.

Der Arbeitgeber wird viele kurze Fragesätze verwenden, die längere Antworten herausfordern

Möglichst viele Fragen des Arbeitgebers werden mit Frageworten beginnen, zum Beispiel »warum, was, wer, wie, wann, wo, welche«. Solche Fragen sollen den Bewerber zum Denken reizen und positive Antworten ergeben.

Je kürzer er die Fragen hält, desto eher wird der Bewerber gezwungen, die ganze Frage zu behalten und darauf konkret zu antworten. Bei sehr langen Fragestellungen hat der Bewerber eine gute Chance.

Er wird nur einen Teil der Fragen beantworten und dabei das Gespräch auf einen Punkt lenken, an dessen Vertiefung ihm besonders liegt.

Klare, kurze Fragestellungen des Personalleiters werden bei der Formulierung immer Zeit, Ort und Zusammenhang berücksichtigen, die der Bewerber als Bezugspunkt für seine Antwort kennt. So wird zum Beispiel die Frage »Während Ihrer Schulzeit haben Sie …« nicht verwendet, weil sie schlechtere Antworten herausbringt als die Frage: »Als Sie in Berlin das Gymnasium …«

Der Personalchef sollte auf die Frage: »Was verdienen Sie zur Zeit?« auch nicht die klare Antwort erhalten, die er eigentlich wünscht. Fragen wie: »Wie hoch war Ihr Grundgehalt im letzten Monat?« oder »Aus welchen Teilen hat sich Ihr Jahresgehalt im vorigen Jahr zusammengesetzt?« können kaum unauffällig unklar beantwortet werden, so daß sie dem Personalchef mehr bringen.

Der Personalchef wird bei Fragen keine Formulierungen verwenden, die dem Bewerber die Möglichkeit geben, durch ein einfaches Ja oder Nein zu antworten. Durch gezielte Fragen soll dem Bewerber die Gelegenheit gegeben werden, sehr ausführlich zu den gestellten Fragen Stellung zu nehmen. Hierdurch will der Fragende durch bestimmte Teile der Antwort Anhaltspunkte für neue interessante Fragen erhalten, die ein vertieftes Kennenlernen des Bewerbers ermöglichen.

Fazit für den Bewerber: Diese Frageform gibt dem Bewerber trotzdem die Möglichkeit, seine Gedanken ausführlich auszubreiten und gezielt auf diejenigen Themen hinzulenken, über die er gern – zu seinem Vorteil – berichten will. Er muß dazu selbst aktiv werden.

Der Arbeitgeber wird Widersprüche in den Antworten sorgfältig prüfen und aufklären

Je qualifizierter der Bewerber ist, desto mehr muß er für die Zeit von seiner Schulentlassung bis zur Gegenwart Rechenschaft geben. Sowohl Jahr als auch Monat von Arbeitsbeginn und -ende in einer bestimmten Stellung werden beachtet. Die Abstimmung dieser Daten im Bewerbungsbogen mit den Daten in den Zeugnissen ist für den Personalfachmann von allergrößter Bedeutung. Widersprüche in den Daten sind für ihn wertvolle Hinweise für falsche Angaben. Bewußt falsche Angaben im Lebenslauf werden erwartet und daher genau geprüft. Ein solches Vorgehen wird nicht mehr selten als »Kavaliersdelikt« angesehen.

Widersprüchliche Angaben in den Bewerbungsunterlagen werden höflich, aber bestimmt dem Bewerber in dem Vorstellungsgespräch zur Kenntnis gebracht, um eine Aufklärung zu erhalten. Ausnahme: Der Interviewer wird auf keinen Fall den Bewerber merken lassen, daß er über eventuelle Informationen von ehemaligen Arbeitgebern verfügt, aus denen sich Widersprüche ergeben.

Je ausführlicher und gezielter das Gespräch verläuft, desto eher werden vom Personalchef Widersprüche erkannt: Wenn überhaupt, dann tauchen Widersprüche insbesondere auf:

– innerhalb eines einzigen, aber sehr ausführlichen Vorstellungsgespräches,
– bei aufeinanderfolgenden Vorstellungsgesprächen,
– bei verschiedenen Gesprächspartnern.

Dabei kann es sich um sachliche Informationen handeln, wie zum Beispiel Angaben über das bisherige Einkommen oder Kündigungsgründe, aber auch um persönliche Einstellungen zur bisherigen oder neuen Tätigkeit.

In fast allen Fällen wird die Entdeckung solcher Widersprüche in den Gesprächen klärende Fragen nach sich ziehen. Der Personalleiter weiß allerdings, daß die Klärung solcher Widersprüche die große Gefahr bringt, daß der Bewerber in eine defensive Haltung gedrängt wird, was in keinem Falle für die Fortsetzung des Gesprächs von Vorteil sein kann. Er wird die Klärung des Widerspruchs zum Beispiel wie folgt beginnen:

»Ich möchte sicherstellen, daß ich Sie richtig verstanden habe, und frage mich deshalb, ob ich keinen Fehler gemacht habe. In Ihren bisherigen Antworten hieß es …«. Durch ein derartiges Vorgehen hilft er dem Bewerber, sein Gesicht zu wahren, was für die Fortführung des Gesprächs sehr notwendig ist.

Nach einiger Übung hat der Personalleiter sehr rasch das Gefühl für die Wahrheit und wird bei Zweifel an der Echtheit der Antwort des Bewerbers zusätzlich Fragen stellen, um den Tatsachen auf die Spur zu kommen. Zeigen die Angaben ungewöhnliche Erfolge in der bisherigen Tätigkeit des Bewerbers, wird der Personalleiter den Bewerber ausführlich über die Umstände befragen, die zu solchen Erfolgen geführt haben. Oder, falls die Entlohnung in der bisherigen Stellung ungewöhnlich hoch erscheint, wird er durch Zwischenfragen an geeigneter Stelle oder durch Detailfragen zu der Höhe der Provision oder Spesenvergütung versuchen, das tatsächliche Einkommen festzustellen.

Fazit für den Bewerber: Er ist gut beraten, sich geeignete Antworten zurechtzulegen für diejenigen Punkte seiner Bewerbung, die er selbst als kritisch beurteilt.

Der Arbeitgeber wird auch heikle Themen erörtern

Um ein vollständiges Bild von Bewerber zu erhalten, werden auch die persönlichen Verhältnisse erkundet, auch wenn dabei heikle Fragen gestreift werden. Hierzu gehören Fragen zur Familie oder Herkunft des Bewerbers, deren er sich möglicherweise schämen kann. Dazu gehören Fragen zu Entlassungen, Schwierigkeiten in der Schule, beim Militär, Familienproblemen, häuslichen Schwierigkeiten oder finanziellen Sorgen.

Da Antworten auf Fragen zu diesen Themen für den Personalleiter unbedingt wichtig sind, wird er nicht zögern, sie zu stellen. Um objektive Antworten zu diesen Themen zu erhalten, wird er die Fragen gut formulieren. Freundlich und höflich gestellte Fragen, die ein echtes Interesse aufweisen, führen dann auch meistens zu ehrlichen Antworten. Dann wird der Interviewer diese Fragen mit einer natürlichen, routinemäßigen, rein sachlichen Art im gleichen Ton wie die anderen Fragen stellen, so als ob er die Antworten ganz selbstverständlich erwartet. Es ist für den Bewerber dann schwierig, die Situation zu überschauen und mit seinen Antworten zu zögern. Und dennoch sollte gerade bei diesen Fragen der Bewerber vorsichtig beim Antworten sein. Zu schnell entstehen beim Fragenden durch solche persönlich-intimen Antworten Vorurteile, die den Eindruck vom Bewerber prägen können. Allerdings auch positiv. Spürt der Bewerber ein nur unbewußtes Zögern des Interviewers, sollte er die Beantwortung dieser Frage dann ebenfalls nur zögernd durchführen.

Oft beginnt der Personalleiter solche Fragen mit einer verharmlosenden Äußerung, wie: »Ich kenne viele Mitarbeiter, die sind der Meinung …, was meinen Sie dazu?«

Oder der Fragesteller nimmt in die Frage bereits Alternativantworten mit hinein, um dem anderen dadurch die Beantwortung zu erleichtern: »Es gibt wohl zwei Meinungen zu dieser Frage, entweder … oder …«.

Oder er wählt abschwächende Formulierungen, »ungefähr …?«

Auch die »erwartungsvolle Pause« – der Personalleiter stellt die Frage und wartet auf die Antwort – darf den Bewerber nicht verwirren. Das erwartungsvolle Schweigen darf den Bewerber nicht zum Antworten animieren. Im Gegenteil, er sollte selbst auch Pausen nutzen und den anderen kommen lassen.

Bei solchen Schwierigkeiten wird der Personalleiter die Frage im Augenblick weglassen und zu einem späteren Zeitpunkt wiederholen.

In der Praxis zeigt sich immer wieder, daß Bewerber gar nichts dabei finden, wenn heikle Themen angeschnitten oder besondere persönliche Fragen gestellt werden. In der Regel werden solche Fragen erwartet. Oft werden sie sogar als besonderes Interesse des Arbeitgebers an seinem künftigen Mitarbeiter gewertet. Das ist die Gefahr, die der Bewerber sehen sollte.

Fazit für den Bewerber: Er darf sich nicht provoziert zeigen, sondern ruhig und gelassen die Fragen so beantworten, wie es im Einzelfall für ihn gut erscheint.

Der Arbeitgeber wird Selbstbekenntnisse mit Vorsicht aufnehmen

In dem Vorstellungsgespräch kommt es manchmal zu freiwilligen oder spontanen Aussagen des Bewerbers über sein eigenes Wesen. Kluge Bewerber wissen, daß unerfahrene Zuhörer solchen Äußerungen eine besondere Beweiskraft zumessen. Das ist eine große Chance für die Urteilsbeeinflussung, besonders, wenn der Bewerber freiwillig über persönliche Eigenschaften spricht, die nicht gerade günstig für ihn sind. Der Zuhörer sieht darin einen Vertrauensbeweis, den er nicht gern selbst mindern möchte. Aber auch allein die Tatsache, daß der andere etwas Ungünstiges über sich selbst äußerst, legt die Suggestion eines Wahrheitsgehaltes nahe. Aber erfahrene Personalleiter passen dabei auf. Sie werden Selbstbekenntnisse mit großer Vorsicht bewerten. Sie beobachten die Symptome dieser Äußerungen, deren Wert weitgehend davon abhängt, ob die Erkenntnisse aus echten Selbstbeobachtungen hervorgehen und mit dem Bemühen um Wahrhaftigkeit ausgesprochen werden. Das läßt sich jedoch in Vorstellungsgesprächen nicht mit Sicherheit feststellen: Selbstbekenntnisse legen daher dem Interviewer eine Verpflichtung auf. Der Personalleiter muß das Wagnis achten, das der Bewerber mit seiner Selbstenthüllung eingeht. Er wird sich jetzt im besonderen Maße der Gefahr des Mißverstehens des anderen bewußt werden und keinesfalls dessen Selbstgefühl verletzen.

Fazit für den Bewerber: Selbstbekenntnisse sind für den Bewerber ein attraktives Mittel, um sich so darzustellen, wie er gern gesehen werden möchte. Der Bewerber sollte davon sinnvoll Gebrauch machen.

Um einen Bewerber aus seiner Ruhe herauszulocken, wird der Arbeitgeber manchmal sogenannte Streßgespräche führen. Durch bewußtes Provozieren soll der Bewerber unter Umständen die sich selbst gesetzten oder unbewußten Barrieren überwinden und dem Personalleiter Informationen geben, die vielleicht näher zur Wahrheit führen.

Solche herbeigeführten Auseinandersetzungen sollen mitunter auch die Widerstandskraft des Bewerbers prüfen. Für bestimmte Positionen kann das Wissen um diese Fähigkeiten beim Bewerber unerläßlich sein. Welche Verfahren werden hierzu angewandt? Zum Beispiel belastende Pausen, häufige Unterbrechungen, zusammenhangloses Dazwischenreden, plötzliches Ablenken und unermüdliches Wiederholen, persönlich, zynisch, ironisch werden und lächerlich machen, widersprechen.

Derartige Methoden werden allerdings mit Vorsicht angewendet, damit der Bewerber sich infolge solcher Konfrontation nicht zurückzieht und sein Interesse an der Bewerbung aufgibt. Dosiert angebracht, soll aber eine solche Gesprächstechnik, an richtiger Stelle angebracht, dazu beitragen, den Bewerber genauer kennenzulernen – und das ist immer noch der eigentliche Sinn eines jeden solchen Gesprächs.

Für den Bewerber ist es daher ratsam, sich nicht durch Provokationen aus seiner Haltung herauslocken zu lassen. Ruhe behalten ist für ihn die erste Pflicht der Gesprächsführung.

In den Vorstellungsgesprächen muß der Bewerber »projektive« Fragen erwarten. Projektive Fragen sind solche Fragen, die den Bewerber veranlassen sollen, über einen anderen zu sprechen. Bei dieser Fragestellung wird davon ausgegangen, daß sich der Bewerber meistens selbst an die Stelle der anderen Personen setzen wird, auf welche die Frage Bezug nimmt, wodurch die Antwort in Wahrheit seine eigene Einstellung zu dem Thema widerspiegelt. Solche Fragen werden immer dann angewendet, wenn man bei ganz bestimmten Fragestellungen hofft, durch diese indirekte Art mehr Informationen zu erhalten, als durch ein direktes Fragen zu erwarten ist.

Untersuchungen haben das bestätigt: Wurden Menschen zuerst gefragt, wie sich andere im allgemeinen in bestimmten Situationen verhalten, und danach, wie sie sich selbst in der gleichen Situation verhalten würden, dann zeigte eine spätere Prüfung, daß sich viele Befragte in Wirklichkeit so verhielten, wie sie das Verhalten der anderen beschrieben hatten, und nicht so, wie sie es für sich selbst voraussagten.

Tatsächlich fällt es vielen Bewerbern leichter, über andere zu sprechen als über sich selbst. In Vorstellungsgesprächen tauchen immer wieder Aussagen über das Verhalten der Vorgesetzten und Kollegen während der bisherigen Arbeitsverhältnisse auf. Nicht selten werden der »unmögliche« Führungsstil der Vorgesetzten oder schwierige Kollegen beschrieben oder sogar für Kündigungen verantwortlich gemacht.

Fazit für den Bewerber: Er muß sich davor hüten, Beurteilungen über andere abzugeben. Damit zeigt er mehr seine Urteilskraft und seine Auffassung über Dinge, als es ihm manchmal lieb sein kann. Wenn schon, dann ist es gut, über andere nur positiv zu sprechen.

Der Arbeitgeber wird dem Bewerber Zeit zum Antworten lassen und Gesprächspausen herbeiführen

Viele Bewerber kennen die Situation. Sie haben Arbeitgeber kennengelernt, die ihre Fragen immer schneller stellen und in einer mechanischen Weise herunterleiern. Dadurch ist es für den Bewerber schwierig, den Interviewer immer richtig zu verstehen und mit ihm in ein echtes persönliches Gespräch zu kommen. Eile und Erfahrung führen aber auch sehr leicht dazu, daß der Personalleiter bereits in den Ansätzen der Beantwortung seiner Frage das zu erwartende Ergebnis der Antwort zu erkennen glaubt, daraufhin ungeduldig wird, unterbricht oder schnell zur nächsten Frage übergeht.

Kluge Arbeitgeber verhalten sich anders. Sie halten es für wichtig, den Bewerber ausreden zu lassen. Sie werden zwischen den verschiedenen Fragen Pausen machen und den Bewerber ansehen, während sie ihre Fragen stellen. Es wird von vielen Bewerbern noch übersehen, wie bedeutsam für den anderen das Beobachten des Verhaltens während der Pause ist. Für viele Bewerber ist es schwierig, eine längere Gesprächsunterbrechung hinzunehmen, ohne zu reagieren. Das trifft ganz besonders auf Bewerber zu, die sofort glauben, sie müßten, um keine Verlegenheit zu zeigen, dann weitersprechen. Oft kommt aus solchen Situationen nur Leerlaufgerede zustande, und die innere Belastung des »Redenmüssens« kann den Bewerber dazu veranlassen, Dinge zu sagen, die er eigentlich nicht von sich geben wollte.

Der Arbeitgeber wird deshalb stets einerseits auf den Inhalt, andererseits auf die Art und Weise des Sprechens und vor allem auf das Verhalten während der Pausen achten.

Es gibt natürliche Pausen; sie ergeben sich dort, wo ein Thema erschöpft ist; sie sind deutlich von den Widerstandspausen (den genannten Pausen) zu unterscheiden. Gerade an diesen Stellen wird der Personalleiter versuchen, den gehemmten Bewerber aufzulokkern und zu unbefangener Äußerung zu führen. Die Widerstände der Bewerber bemerkt der Personalleiter an sehr verschiedenen Symptomen: im Räuspern oder Husten, in vagen Angaben, in der Themaverschiebung. Auch werden Gegenfragen der Bewerber oft als ein Ablenkungsmanöver angesehen. Der Personalleiter wird sich die speziellen Punkte merken und an anderer Stelle bei anderer Gelegenheit, von einer anderen Seite her versuchen, sich Klarheit zu verschaffen.

Es gibt unterschiedliche Auffassungen über die Frage, wieviel Zeit man dem Bewerber zum Nachdenken lassen soll. Manch einer glaubt zum Beispiel, daß es grundsätzlich gut sei, Fragen nach Schnellfeuerart zu stellen, damit der Bewerber keine Zeit hat, seine Abwehr zu organisieren und eine ausreichende Antwort auszudenken. Diese Technik geht von der Annahme aus, daß dem Bewerber immer die Wahrheit zuerst in den Sinn kommt für seine Antwort.

Viele Arbeitgeber ziehen es allerdings vor, es bei einem Vorstellungsinterview nie hektisch zugehen zu lassen. Wenn der Bewerber Pause macht, um nachzudenken, um sich an Dinge aus der Vergangenheit zu erinnern, werden sie den Bewerber nicht ansprechen und kein Zeichen von Ungeduld zeigen. Das könnte nur den Gedankengang stören. Es fällt manchen Bewerbern schwer, ihre Gedanken zu formulieren. Solche Menschen werden deshalb nie gedrängt. Druck bringt sie nur in eine Verteidigungsstellung, was gerade für ein Vorstellungsgespräch genau das Gegenteil von dem ist, was man sich wünscht. Oberflächliche und gedankenlose Antworten wird der Arbeitgeber sicherlich auch dadurch zu verhindern versuchen, daß er dem Bewerber Zeit läßt.

Von dieser grundsätzlichen Haltung wird es jedoch auch Ausnahmen geben, insbesondere dann, wenn es sich um Fragen handelt, bei denen der Arbeitgeber einen gefühlsmäßigen Widerstand bei dem Bewerber erwartet. So wird zum Beispiel die Frage nach dem jetzigen Monatsgehalt oft mit Schnellfeuer-Technik gestellt oder ohne Zusammenhang zum gerade besprochenen Thema eingestreut, um zu einer spontanen wahrheitsgemäßen Antwort zu kommen, die bei reichlich Zeit für den Bewerber vielleicht nicht gekommen wäre. Für den Bewerber bedeutet ein hektisches Vorgehen also oft ein Signal zu besonderer Vorsicht beim Antworten. Er soll sich bemühen, auch hierbei seine Ruhe zu bewahren und lieber später, aber überlegt zu antworten.

Fazit für den Bewerber: Nutzen Sie Pausen, um das Gespräch in die von Ihnen gewünschte Richtung zu lenken.

Der Arbeitgeber wird ein sehr guter Zuhörer sein und den Bewerber sprechen lassen

Eine Selbstverständlichkeit ist das keineswegs, Erfahrungen zeigen, daß die Gesprächsaktivität der Arbeitgeber im allgemeinen einen wesentlich größeren Anteil einnimmt, als er selbst annimmt. Sein Anteil beträgt mindestens 60%. Dabei zeigt die Erfahrung, daß die echten »großen Herren« eher geduldig zuhören können als das eilige Middle-Management. Auch für den Bewerber gilt es, gut zuhören zu können und Geduld zu haben. Nichts ist nachteiliger, als unaufgefordert zu reden und zu reden, ohne gefragt zu werden. Der Bewerber möchte sehr viel selbst erfahren und sympathisch erscheinen. Dazu gehört, daß auch er ein guter Zuhörer sein muß.

Das Interview ist für den Arbeitgeber ebenfalls ein Suchverfahren und der Bewerber hat für ihn die meisten der gesuchten Fakten.

Der Arbeitgeber wird den Bewerber daher ermutigen, ihm ein Maximum an Informationen zu geben. Er verfolgt dabei ein Ziel. Nur wenn er den Bewerber zum freien Sprechen ermuntert, geduldig zuhört, höfliches Interesse zeigt und die Beziehung zu ihm auf eine ruhige, sachliche Basis stellt, wird der Bewerber das Vorstellungsgespräch angenehm und anregend finden.

Um zu einem besseren Zuhörer zu werden, muß er folgende Prinzipien beachten:

- Konzentration auf den Inhalt der Fragen.
- Zurückhaltung mit einer Stellungnahme, bis die Frage beendet ist. Nicht schon während der Frage Erwiderungen überlegen.
- Ausnützen der Differenz zwischen Sprechen und Denkgeschwindigkeit. Zuhörer denken im Durchschnitt viermal so schnell wie der Sprechende, nämlich mit einer Geschwindigkeit von etwa 400 Wörtern in der Minute. Nicht diesen Vorsprung, den man als Zuhörer hat, durch Unkonzentriertheit vergeuden!

Bei den Vorgesetzten des Fachbereichs, bei denen sich ein Bewerber vorstellt, ist erfahrungsgemäß die Gefahr des geringen Zuhörens sehr groß. Viele Bewerber neigen dazu, dem anderen Fachmann sehr deutlich klarzumachen, was sie alles können, sie schildern sehr ausführlich ihre Meinungen über den Aufgabenbereich. Erst nachdem sie zu Hause sind, fällt es ihnen auf, daß sie kein rechtes Bild von dem Vorgesetzten erhalten haben, da sie selbst sehr viel gesprochen haben.

Fazit für den Bewerber: Der erfolgreiche Beewrber ist sowohl ein fragender als auch ein guter Zuhörer. Der Bewerber muß sich daher ständig fragen, ob er dem Arbeitgeber reichlich Fragen zum Sprechen gestellt hat.

Der Arbeitgeber wird weder Kritik noch Zustimmung zu den Angaben des Bewerbers äußern.

Die Erfahrung lehrt uns, sobald das Gespräch locker und flüssig verläuft, wirken kritische Bemerkungen des Arbeitgebers nachteilig für die Ergiebigkeit des Gesprächs. Er wird in diesem Stadium des Gespräches unter keinen Umständen auch nur die leiseste Kritik an den Ausführungen des Bewerbers oder seinem Verhalten erkennen lassen oder gar moralische Urteile äußern oder sich anmerken lassen. Auch wenn der Bewerber Ansichten des Personalleiters zum Ausdruck bringt – also die erwartete Antwort gibt – wird er ein Kopfnicken oder sonstige Zustimmungsäußerungen kaum feststellen. Der Personalleiter will dadurch verhindern, daß sich der Bewerber daran orientiert.

Der Interviewer wird seine Reaktion nicht im geringsten merken lassen, da sonst die Beziehungen zum Bewerber zerstört werden. Auch wird der Bewerber, während dieser seine Ansichten äußert, normalerweise nicht unterbrechen noch verbessern. Das ist nicht einfach, wenn seine Äußerungen mit der Sachkunde des Fragenden zusammenstoßen.

Ziel des Arbeitgebers ist es, Fakten zu sammeln. Das Gespräch soll nicht der Belehrung oder Schulung des Bewerbers dienen. Anstelle von Aufklärung über die richtige Sachlage wird er erforschen, wie weit es sich hierbei um das eigene Gedankengut des Bewerbers oder um unkritisches Nachgerede handelt. Oder er wird prüfen, ob und wie sich der Bewerber mit Einwänden auseinanderzusetzen vermag, oder ob er aus Bequemlichkeit, Beeinflußbarkeit oder Opportunismus schnell umschwenkt. Selbst in den Fällen, wo ein Bewerber taktlos oder aggressiv wird, wird keine nur annähernd gleichartige Resonanz erfolgen. Vielmehr wird der Personalchef versuchen herauszufinden, was den Bewerber zu einem solchen unverständlichen Verhalten bewegt hat, denn jedes Verhalten hat eine bestimmte Ursache.

Eines darf dabei allerdings nicht übersehen werden. Eine völlige Unempfindlichkeit und Neutralität des Arbeitgebers kann eine bestehende natürliche Gesprächsatmosphäre zerstören und den Kontakt zum Bewerber verschlechtern. Das wird er verhindern. Deshalb wird der Personalleiter einen wirksamen Kompromiß wählen, indem er eine Haltung freundlichen Gewährenlassens annimmt.

Fazit für den Bewerber: Er sollte den Personalleiter durch sein Verhalten animieren, daß er Zustimmung oder Ablehnung zu seinen Ausführungen zeigt. Bessere Möglichkeiten, sein eigenes Gespräch zu seinem Vorteil zu steuern, hat er eigentlich nicht.

Der Arbeitgeber wird das Gespräch beenden

Für Vorstellungsgespräche wird der Personalleiter immer genügend Zeit haben. Es gibt aber Bewerber, die bestürmen den Gesprächsführer zum Schluß mit ihrem Hobbythema, wenn sie feststellen, daß hierfür Interesse gezeigt wurde. Jagdbesessenheit, Segelleidenschaft oder Briefmarkensammeln, jeder hat ein Thema, das er liebt. Ein kluger Gesprächsführer überlegt sich beizeiten, wie er – ohne das gute Einvernehmen im Gespräch zu stören – solche Gespräche stoppt. Der Personalleiter wird sich von der Sekretärin zu einem neuen Termin mahnen lassen. Das ist ein Zeichen für den Bewerber zum Abschied.

Nicht selten stellt sich während des Gesprächs bereits zeitig heraus, daß der Bewerber nicht die erforderliche Qualifikation für die ausgeschriebene Position besitzt, oder aber auch der Bewerber sein Interesse verloren hat. Dann hat es wenig Sinn, das Gespräch bis zum Ende fortzuführen. Hier ist die unauffällig herbeigeführte Verkürzung des Vorstellungsgespräches in beiderseitigem Interesse. Die ablehnende Haltung werden beide Teile sich möglichst nicht anmerken lassen.

Andererseits sollte der Bewerber nie zusagen, ohne das Gespräch vollständig bis zum Ende durchgeführt zu haben. Selbst zum Schluß des Gespräches können noch Fakten zutage kommen, die für den Bewerber für seine Entscheidung von Bedeutung sein können.

Fazit für den Bewerber: Er sollte sich selbstbewußt geben und das Gespräch nicht von sich aus beenden, sondern auf Zeichen warten.

Der Arbeitgeber wird seine bereits feststehende Beurteilung des Bewerbers nicht zum Ende des Gesprächs ausdrücken

In der Praxis ist immer wieder die Situation anzufinden, daß dem Bewerber bereits zum Abschluß des Vorstellungsgespräches eine ablehnende Haltung des Unternehmens zum Ausdruck gebracht wird, wenn diese zu diesem Zeitpunkt bereits feststeht. Offenbar hält man diese Offenheit für zweckmäßig und rational. Einerseits erspart sie dem Unternehmen, zu einem späteren Zeitpunkt dem Bewerber das Ergebnis des Vorstellungsgespräches schriftlich geben zu müssen, zum anderen glaubt man, dem Bewerber sehr damit zu helfen, wenn man ihm die Gründe für die ablehnende Haltung mündlich mitteilt. Der Bewerber sollte daraus nicht schließen, daß dies überall so ist und er dadurch seine Chance sehr schnell erkennt. Erfahrene Personalleiter verhalten sich nämlich anders. Sie gehen davon aus, daß jeder Mensch eine sehr hohe Meinung von seinen eigenen Fähigkeiten hat. Wenn sich jemand auf eine Anzeige vorstellt, so wird er sich für geeignet halten, die vakante Position auszufüllen. Selbst wenn nun die Ablehnungsgründe eindeutig verständlich sind, würde er den Bewerber meistens kränken, wenn er ihm die Tatsache selbst und die maßgeblichen Gründe unmittelbar mitteilt. Auch wenn der Bewerber die Gründe objektiv einsieht, könnte er die Kränkung subjektiv nicht immer vertragen. Das Ergebnis wären sehr negative Reaktionen gegenüber dem Unternehmen.

Auch wenn die Entscheidung des Unternehmens bereits während oder nach dem Gespräch feststeht, wird der Personalleiter dem Bewerber darüber noch nichts sagen. Der Bewerber wird nach mehreren Tagen eine ablehnende Antwort erhalten, die mit entsprechendem Taktgefühl formuliert ist, damit ihm die Aufnahme dieser Nachricht leichter fällt und seine Haltung gegenüber dem Unternehmen nicht grundsätzlich verändert. Der Bewerber sieht die Welt auch anders, wenn ein paar Tage darüber vergangen sind. Obwohl auch spätere Erklärungen den Bewerber nie befriedigen können, verletzen sie doch nicht sein Selbstgefühl in dem Maße, wie die ausdrückliche Kritik bestimmter Eigenschaften, und diese eventuell noch spontan. Die endgültige schriftliche Absage wird deshalb auch nicht die Gründe für die getroffene Entscheidung enthalten, soweit diese in der Person des Bewerbers liegen. Folgende nichtssagende Formulierungen werden gewählt:

Betr.: Ihre Vorstellung vom …

Sehr geehrter Herr!
Wir danken Ihnen für Ihren freundlichen Besuch und bedauern, Ihnen mitteilen zu müssen, daß wir die ausgeschriebene Position inzwischen aus Gründen, die nicht in Ihrer Person liegen, einem anderen Bewerber übertragen haben.

Wir bitten Sie, in dieser Absage keine negative Beurteilung Ihrer Fähigkeiten zu sehen, und wünschen Ihnen recht bald an anderer Stelle Erfolg.
Die uns freundlicherweise überlassenen Bewerbungsunterlagen reichen wir Ihnen mit diesem Schreiben zurück.
Mit freundlichen Grüßen

Eine Ausnahme von diesen Verhaltensregeln wird es selbstverständlich geben, wenn wesentliche Eigenschaften für die Tätigkeit beim Bewerber fehlen. Wenn der Bewerber zum Beispiel nicht die Voraussetzungen zum Führen eines Kraftfahrzeuges mitbringt, obwohl es für die Position erforderlich ist, oder einen Einsatz an verschiedenen Orten oder in anderen Ländern vorsieht, was dem Bewerber nicht angenehm ist, oder bestimmte Ausbildungsabschlüsse unerläßlich und nicht vorhanden sind. Der Bewerber wird es immer verstehen, wenn das Gespräch darum gar nicht fortgesetzt wird.

Eine solche Situation kann anläßlich eines Vorstellungsgespräches nur dann vorkommen, wenn nicht genügend Zeit zu einem vorherigen Informationsaustausch vorhanden gewesen ist. In einem solchen Fall werden beide Teile gleich zu Beginn des Zusammentreffens die wichtigsten Informationen austauschen, bevor sie zu einem längeren Gespräch zum gemeinsamen Kennenlernen übergehen.

Fazit für den Bewerber: Er sollte nicht auf sofortige Entscheidung drängen.

Der Arbeitgeber wird das Gespräch mit einer positiven Note beenden

Unabhängig vom Ausgang des Vorstellungsgespräches bemüht sich der Arbeitgeber immer, das Gespräch mit einer positiven Note für den Bewerber enden zu lassen. Er bedankt sich für das Interesse, das der Bewerber mit seinem Besuch dem Unternehmen gezeigt hat. Er wird dem Bewerber eine möglichst rasche Information über die bestehende Entscheidung versprechen und sie auch einhalten. Dies liegt sowohl im Interesse des Bewerbers als auch der Firma, da beide Teile zwischenzeitlich andere Entscheidungen treffen könnten. Was für den Personalleiter gilt, ist für den Bewerber gleichermaßen wichtig.

Der Abschluß eines Gespräches ist der letzte Eindruck, den die Gesprächsteilnehmer mit nach Hause nehmen. Deshalb ergibt sich die Forderung: Er muß wohlwollend und freundlich sein. Er muß die Wiederaufnahme des Kontaktes fördern. Eine Aufbruchstimmung und Unruhe jeglicher Art sind keine guten Zeichen einer rechten Gesprächsstimmung. Die letzten Worte müssen den guten Eindruck erhalten. »Entschuldigen Sie, aber ich muß mich beeilen, um meinen Zug noch zu erreichen«, klingt bestimmt nicht so wie die Worte: »Es freut mich, daß wir uns getroffen und in so vielen Punkten eine Einigung erzielt haben!«

Wenn der Bewerber den Eindruck hat, er sei gut angekommen, sollte er nicht (sofern er alle Informationen hat) das Gespräch in die Länge ziehen. Auf elegante Weise Schlußvereinbarungen treffen (Entscheidungstermine), fragen nach ärztlicher Untersuchung und schließlich Passagierschein abzeichnen lassen. Fragen nach Besichtigung des Arbeitsortes – evtl. noch einmal dazu herkommen wollen –, das erhöht die Verbindlichkeit.

Wenn aber eine Szene danebengegangen ist – auf keinen Fall am Ende der Vorstellung darauf zurückkommen und in Peinlichkeit scheiden.

Auch Bewerber, bei denen sich der Personalleiter bereits zum Gesprächsende sicher ist, daß es zu keiner Einstellung kommen wird – ohne das gezeigt zu haben –, werden nicht anders behandelt. Abgelehnte Bewerber sollen nicht zu einer Quelle schlechter Meinung über das Unternehmen werden und den Ruf des Hauses schädigen.

Fazit für den Bewerber: Auch der Bewerber tut gut daran, sein mangelndes Interesse an der Stelle nicht deutlich zu zeigen. Vielleicht wird nach seinem Gespräch noch eine Stelle vakant, für die er mehr Interesse hätte. Diese würde ihm sonst nicht angeboten werden. Viele Bewerber hinterlassen deshalb klugerweise ihre Bewerbungsunterlagen und ihre Bitte um Nachricht, wenn sich für sie ein besseres Angebot ergeben sollte.

Der Arbeitgeber wird das Verhalten des Bewerbers genau beobachten und analysieren

Im Vordergund des Vorstellungsgesprächs steht das gesprochene Wort. Wir wissen aber aus unserer eigenen Erfahrung, daß unser Urteil über einen anderen nicht nur von seinem Wissen und Können, seiner Sprechweise oder seiner Beredsamkeit abhängt. Wir beziehen den ganzen Menschen in unser Urteil über ihn mit ein, sein Auftreten, seine Gesten und Mienen, seine äußere Erscheinung u. a. m. (siehe Abb. »Körpersprache«).

Mehrabian hat festgestellt, daß Sympathie nur zu einem geringen Teil auf den Inhalt gesprochener Worte zurückzuführen ist. Am Gesichtsausdruck äußert sich am stärksten, ob man jemand mag (55 Prozent). Es zeigt sich auch deutlich (mit 38 Prozent) in der Stimme und nur etwa 7 Prozent aus dem gesprochenen Wort.

Welcher Wert wird von Personalleitern diesen Eindrücken beigemessen? In welchem Umfange werden solche Beobachtungen das Urteil über den Bewerber beeinflussen? Eines wissen auch die Personalleiter: Das Verhalten der Bewerber ist in den verschiedenen Situationen seiner Anwesenheit im Betrieb unterschiedlich und beeinflußt das Urteil – auch wenn man sich dagegen wehrt. Auch wenn er sich noch so sicher ist, daß die Verhaltensweisen informieren, um Fehldeutungen der Eindrücke zu verringern und damit seine Urteilsfähigkeit zu verbessern.

Der Ausdruck des Gesichts, die Sprechweise, Haltung, Geste und Gang sind z. B. einige auffällige äußere Ausdrucksformen des Menschen. Nach den Erkenntnissen der Psychologie spiegeln diese Ausdruckserscheinungen den Charakter des Menschen auf die Dauer mehr wider als die Gesprächsinhalte.

Sehr lange ist keiner mit dem Bewerber zusammen, und die Entscheidung über eine Einstellung fällt aufgrund relativ kurzer Eindrücke.

Der erste Eindruck ist immer noch äußerst wichtig. Die ersten 5 Minuten können den Erfolg Ihres Vorstellungsgespräches entscheiden. Sie können in dieser kurzen Zeit soviel falsch aber auch richtig machen und damit den weiteren Verlauf des Gespräches prägen. Norman King (»Die ersten 5 Minuten«) hat dazu ein sehr lesenswertes Buch geschrieben.

Seine Grundregel für den Erfolg eines Vorstellungsgespräches lautet:

1. Verkaufen Sie sich selbst!
2. Verkaufen Sie Ihr Können!
3. Verkaufen Sie Ihr Potential!

Jeder Bewerber sollte diese Reihenfolge ernst nehmen. Verkaufen Sie sich zuerst selbst, bevor Sie Ihr Können und Potential in die Waagschale werfen.

Norman King beschreibt auch den Ablauf der ersten Minuten des Zusammentreffens zweier fremder Menschen und gibt Tips für erfolgreiches Verhalten:

»Der Augenblick, in dem Sie das Büro Ihres Gesprächspartners betreten, kann über Erfolg oder Mißerfolg der gesamten Begegnung entscheiden. Treten Sie erhobenen Hauptes ein, mit geradem Rücken, ein Lächeln auf dem Gesicht, offensichtlich energisch und voller Leben.

In diesem entscheidenden Augenblick sollten Sie, wenn irgend möglich, liebenswürdig und anziehend wirken. Der erste Eindruck ist *ausschlaggebend*; er läßt sich nicht wiederholen.

Haben Sie einmal das Büro betreten, blicken Sie Ihrem Befrager geradewegs in die Augen, und begrüßen Sie ihn mit einem kräftigen Handschlag. Falls man Ihnen keine bestimmte Sitzgelegenheit anweist, wählen Sie einen Stuhl mit gerader Rückenlehne. Wenn Sie aufrecht auf einem Stuhl mit harter Lehne sitzen, wird es Ihnen leichter fallen, wachsam und intelligent zu wirken, als wenn Sie tief in einem weichen Sofa versunken sind. Ist kein gerader Stuhl vorhanden, setzen Sie sich aufrecht auf die gepolsterte Couch, wobei nur der untere Teil des Rückgrats die Lehne berühren sollte. Mit anderen Worten, sitzen Sie nicht krumm und in sich zusammengesunken, sondern bewahren Sie eine aufrechte Haltung, selbst wenn Sie tatsächlich bequem sitzen.

Bewahren Sie Blickkontakte zu Ihrem Gesprächspartner, solange es die Situation zuläßt. Rücken Sie nicht nervös hin und her, spielen Sie nicht mit den Haaren, schlenkern Sie nicht mit den Beinen, und vermeiden Sie sämtliche weiteren Ticks und Äußerungen von Körpersprache.«

Der Interviewer ist oft trainiert und beobachtet:

Immer, wenn Sie den Mund aufmachen, um zu sprechen, offenbaren Sie etwas von sich. Der Interviewer hört, was Sie sagen und zieht seine Schlüsse. Und zwar nicht nur in bezug auf den Sinn des Gesagten, sondern aufgrund der Art und Weise, wie sie es sagen.

– Jemand, der leise spricht, gilt als schüchtern.
– Jemand, der sehr laut spricht, gilt als aggressiv.

Aber auch Sie können für sich aus bestimmten Verhaltensweisen des Interviewers Schlüsse ziehen:

– Wenn er Sie über die Brille hinweg mit geneigtem Kopf anblickt, zeigt er Zweifel an dem Gesagten.
– Ebenso können Sie davon ausgehen, daß einer, der zu allem was Sie sagen nickt, damit nicht Zustimmung, sondern Skepsis zum Ausdruck bringt.
– Oder wenn sich der Personalleiter an der Nase reibt, deutet das auch auf Vorbehalte gegenüber dem von Ihnen Gesagten hin.
– Dagegen gilt das Zusammenlegen der Fingerspitzen überall als Zeichen des Vertrauens.

Fazit für den Bewerber!

Achten Sie auf Ihre Haltung und Ihr Verhalten, insbesonders in den ersten Minuten Ihres Auftritts. Das können Sie zu Hause üben.

Körpersprache
(Gesten der Zu- und Abwendung)

ZUWENDUNG (Distanzverringernd)	ABWENDUNG (Distanzvergrößernd)

KOPF

– zuwenden Blickkontakt aufnehmen	– wegdrehen – anheben, von oben herab (arrogant)
– seitwärts neigend (Interesse)	– senken (ritualisierte Auferstehung)

RUMPF
zuneigen

bei Gesprächsbeginn: Interesse, Zuwendung	im Gespräch selbst: will nicht mehr zuhören, sondern selbst etwas sagen; beim Sprechen aggressiv

ARME

gegen Partner gerichtet und offen (Hände) (nach 3 Min. angesprochen)	Festhalten am Stuhl; Arme verschränkt; Hände gefaltet (nach 9 Min. angesprochen)

STIMME

Gesprächston, moderat	Verhörton, scharf-akzentuiert

6. Welche Gesprächstaktiken sollten Sie anwenden?

Der erfolgreiche Bewerber verfolgt folgende Ziele in seinem Vorstellungsgespräch:

– Er möchte recht viel über das Unternehmen und die auszuführende Tätigkeit erfahren und prüfen, ob sein persönliches Bedürfnis angemessen befriedigt werden könnte.
– Er möchte in jedem Fall den Eindruck erwecken, daß er für das Unternehmen interessant erscheint, um von seiner Entscheidung die Einstellung abhängig zu machen.

Insbesondere die letzte Zielsetzung ist bedeutsam. Es ist wichtig, daß sich Bewerber auch dann so verhalten, wenn sie bereits ein eigentliches Interesse an dem Arbeitsplatz verloren haben. Ein erfahrener Bewerber wird nie im Gespräch zugeben oder erkennen lassen, daß er nicht die notwendige Qualifikation für die ausgeschriebene Position hat, selbst wenn er das bald erkannt hat. Er wird in jedem Fall einen positiven Eindruck hinterlassen und möglichst erreichen, daß die Entscheidung über die Einstellung letztlich von ihm abhängt. Das zeugt von erfolgreichem Verhandlungsgeschick.

Taktisch klug vorgehen

In der Taktik des Bewerbers liegt es, durch die Darstellung einer guten Qualifikation das höchstmögliche Angebot des Arbeitgebers zu erreichen und sich dann mittels einer Bedenkzeit die Entscheidungsfreiheit vorzubehalten.

Das bedeutet, der Bewerber muß versuchen, sich nicht ganz durchschauen zu lassen, d.h. Ungünstiges über seine Person verheimlichen oder als unbedeutend abtun. Der Bewerber kann sich dabei einer oder mehrerer folgender Methoden bedienen:

Er verschweigt für ihn ungünstige Tatsachen.
Aber Vorsicht! Der Personalleiter hat besondere Aufmerksamkeit im Lebenslauf und dessen Einzelheiten.

Er lügt.

In diesem Fall darf sich der Bewerber nicht in Widersprüche verwickeln und damit Angriffspunkte geben. Nur wenige können ein oder zwei Stunden lang konsequent lügen, ohne sich in Widersprüche zu verwickeln.

Er gibt ungünstige Tatsachen zu, bietet aber plausible Erklärungen oder Entschuldigungen an.

Der Bewerber muß damit rechnen, daß er bei Verdacht weitere Fragen erhält, um Widersprüche aufzudecken oder auf andere Weise den wahren Sachverhalt herauszufinden.

Er geht in eine Verteidigungsstellung oder spielt den Entrüsteten.

Derartige Reaktionen auf Fragen im Interview werden fast immer als ein Ausdruck von Angst beurteilt, in der Sorge, daß eine ehrliche Antwort ihn in einem schlechten Licht zeigen würde.

Der Arbeitgeber wird dem Bewerber erkannte Taktiken innerhalb des Gesprächs nicht vor Augen führen. Insoweit kann der Bewerber schlecht erkennen, ob sein Rezept aufgeht. Der Personalleiter wird sich allerdings kaum noch beherrschen, wenn der Bewerber hartnäckig lügt. Stellt sich das einwandfrei heraus, so wird er prüfen, ob eine Fortsetzung des Gesprächs noch von Interesse ist. Das ist das Risiko, das der Bewerber mit solch einem Verhalten eingeht. Der Personalleiter wird aber ansonsten davon ausgehen, daß von keinem Bewerber verlangt werden kann, für sich ungünstige Tatsachen freimütig zuzugeben. Ein solches Verhalten wäre bedenklicher. Der Bewerber sollte wissen, aus der Sicht des Arbeitgebers verfügt der erfolgreiche Mitarbeiter über ein bestimmtes Maß an Cleverneß, was sich auch im Vorstellungsgespräch beweisen muß.

Hier empfehlen sich folgende Taktiken für Bewerber:

– Rechnen Sie mit Fragen, die schwache Stellen Ihres Lebenslaufs bloßlegen.
– Unwahrheiten sind gefährlich, denn gute Personalchefs stellen Fangfragen. Beispiel: »Kennen Sie die Zeitschrift ›Wirtschaftspla-

nung‹? Nicken Sie nur, wenn Sie die Zeitschrift kennen, denn es ist möglich, daß sie nicht existiert.

– Jeder Personalchef will die Gründe des Stellenwechsels wissen. Es gibt gute und schlechte Argumente. Mangelnde Aufstiegsmöglichkeiten, Spannungen wegen Kompetenzüberschneidungen oder geringe Verantwortung sind gute Argumente.

– Sagen Sie nie, daß es Ihnen um mehr Geld geht, oder daß Ihre Frau in eine andere Stadt will. Verraten Sie kein extremes Karrieredenken, denn Firmen lassen sich ungern als Sprungbrett mißbrauchen.

– Wenn Sie mit Ihrem Wagen kommen, der zur neuen Firma nicht paßt, parken Sie besser nicht auf dem Firmenparkplatz.

– Wenn Sie länger als 20 Minuten warten müssen, sollten Sie den zuständigen Personalchef anrufen. Sagen Sie ihm, Ihre Zeit sei begrenzt, und Sie würden einen neuen Termin vereinbaren, wenn man Sie noch länger warten läßt.

– Fragen Sie im Gespräch, wie lange Ihr Vorgänger die Position hatte und warum sie frei wurde. Betrachten Sie Ihre Büroräume.

– Lassen Sie sich den Vertragsentwurf am besten gleich vorlegen. Vereinbaren Sie Gehaltserhöhungen und Aufstiegsmöglichkeiten nach streng definierten Bewährungsfristen. Auch Ihre Kompetenzen müssen genau festgelegt werden. Entscheiden Sie sich erst nach einigen Tagen Bedenkzeit.

Auch Banken und Arbeitsämter verteilen Broschüren, aus denen alle Bewerber erfahren können, wie sie sich am günstigsten beim Vorstellungsgespräch verhalten können.

Die örtlichen Fachvermittlungsdienste (siehe nächste Seite) bieten den Bewerbern viel Unterstützung und Beratung für die erfolgreiche Bewerbung an.

Erkundigen Sie sich beim Arbeitsamt, es lohnt sich oft und kostet nichts.

Fachvermittlungsdienste (FDV)

Augsburg
Wertachstraße 28
86153 Augsburg
Telefon 08 21/31 51-0

Berlin
Friedrichstraße 34
10969 Berlin
Telefon 0 30/2 53 20

Bielefeld
Samerbockstraße 8
33595 Bielefeld
Telefon 05 21/5 87-1

Bochum
Gneisenaustraße 185
44628 Bochum
Telefon 0 23 23/59 52 02

Bremen
Doventorsteinweg 48–52
28195 Bremen
Telefon 04 21/17 80

Düsseldorf
Immermannstraße 65 d
40210 Düsseldorf
Telefon 02 11/9 18 18 04

Frankfurt
Fischerfeldstraße 10
60259 Frankfurt
Telefon 0 69/2 17 10

Gießen
Nordanlage 60
35390 Gießen
Telefon 06 41/9 39 30

Hamburg
Kurt-Schumacher-Allee 16
20097 Hamburg
Telefon 0 40/2 48 50

Hannover
Brühlstraße 4
30169 Hannover
Telefon 05 11/91 90

Karlsruhe
Rüppurrer Straße 29
76137 Karlsruhe
Telefon 07 21/9 35 50

Kiel
Adolf-Westphal-Straße 2
24143 Kiel
Telefon 04 31/70 90

Köln
Luxemburger Straße 121
50606 Köln
Telefon 02 21/9 42 90

Mainz
Untere Zahlbacher Straße 27
55131 Mainz
Telefon 0 61 31/24 80

München
Kapuzinerstraße 26
80337 München
Telefon 0 89/5 15 40

Nürnberg
Richard-Wagner-Platz 5
90443 Nürnberg
Telefon 09 11/24 20

Saarbrücken
Hafenstraße 18
66111 Saarbrücken
Telefon 06 81/94 40

Stuttgart
Dillmannstraße 7
70174 Stuttgart
Telefon 07 11/92 00

Würzburg
Ludwigkai 3
97072 Würzburg
Telefon 09 31/7 94 90

**Zentralstelle für
Arbeitsvermittlung (ZAV)**
Feuerbachstraße 42–46
60079 Frankfurt
Telefon 0 69/2 17 10

Anschriften der Fachvermittlungsdienste und der Zentralstelle für Arbeitsvermittlung der Bundesanstalt für Arbeit

Und noch ein paar Taktiken:

Als Bewerber muß man Personalberater und Arbeitgeber kritisch behandeln. Durch ihr freundliches Lächeln darf man sich nicht darüber täuschen lassen, daß sie in erster Linie nicht auf die Karriere des Bewerbers bedacht sind, sondern auf ihren Erfolg als Gutachter. Sie wollen nicht nur wissen, was der Bewerber kann, sondern auch, was er nicht kann, Sprachkenntnisse und sonstige Spezialkenntnisse nützen oft nicht, wenn man keinen dynamischen Eindruck erweckt.

Die Frage nach den Gehaltswünschen sollte man nie sofort beantworten, sondern an den Gesprächspartner zurückgeben: Was bin ich Ihnen wert? Es empfiehlt sich, so zu tun, als ob es einem auf die Aufgabe ankommt. Nicht auf das Gehalt.

Die Beherrschung bestimmter Gesprächstechniken seitens des Bewerbers wird von den Unternehmen nicht negativ beurteilt. Wenn der Bewerber z.B. versucht, im Gespräch die Angaben des Personalchefs genau zu durchleuchten und festzustellen, ob seine Bedürfnisse wirklich durch den vorgeschlagenen Stellenwechsel befriedigt werden, ist das für beide Teile nur von Vorteil. Das Unternehmen sucht nicht nur den neuen Mann, sondern meistens einen Mitarbeiter für lange Zeit. Eine Zusammenarbeit über mehrere Jahre ist aber nur zu erreichen, wenn in dem so viel entscheidenden Vorstellungsgespräch beide Seiten alle Informationen erhalten, die sie für ihre Entscheidung brauchen. Bewerber sollten deshalb optimistisch in ein Gespräch hineingehen. Selbstbewußtsein ausstrahlen und immer daran denken, daß der andere auch nur ein Mensch ist, der oft sympathischer, freundlicher und weniger geschult ist, als allgemein angenommen wird.

Bewerber sollen sich daher an folgende *Verhaltensregeln* halten:

Haben Sie Selbstvertrauen für das Gespräch

Bewerber haben oft zuviel Angst vor einem Vorstellungsgespräch. Dafür besteht aber keine Ursache. Sie haben meist Angst aus dreierlei Gründen:

1. Angst, eine so gute Stellung nicht zu finden, wie man sie z.Zt. hat.

2. Angst vor dem Ungewissen.

3. Die Angst davor, daß der andere einen wirklich durchschaut.

Rücken Sie deshalb Ihrer Angst immer mit der Vernunft zu Leibe. Fragen Sie sich doch: Wovor habe ich nun eigentlich Angst? Warum eigentlich?

Sie werden schnell dahinterkommen. Es besteht in der Regel keine Ursache dafür. Stellen Sie sich die Frage: Was ist das Schlimmste, das passiert, wenn das eintritt, was ich am meisten fürchte? Und schon werden Sie schnell erkennen, daß das Risiko sehr klein ist, welches Sie eingehen. Was können Sie denn verlieren? Wenn Sie eine feste Stellung haben und nur eine bessere suchen, dann doch eigentlich gar nichts. Verlieren Sie eine Chance? Das wissen Sie vorher auch nicht, ob es wirklich keine Chance für Sie ist. Können Sie sich möglicherweise blamieren? Das darf Sie gar nicht stören, denn diese Leute sehen Sie nie wieder, falls Sie in der Firma nicht beginnen. Wovor haben Sie eigentlich Angst? Sie haben keine Ursache, irgendwelche Angst vor dem Vorstellungsgespräch zu haben, denn das Risiko ist sehr klein, das Sie eingehen.

Hören Sie aufmerksam zu

Hören Sie aufmerksam und höflich zu und unterbrechen Sie Ihren Partner niemals. Leitende Leute reden gern und viel. Sie brauchen die Ausführungen des Sie interviewenden Chefs nur dadurch zu ergänzen, daß Sie ihm zu verstehen geben, wie weit Sie mit der von ihm dargestellten Problematik vertraut sind und ähnliche Aufgaben bereits in Ihrer Praxis gelöst haben. In vielen Fällen redet der Fragende sehr viel mehr als der Befragte. Lassen Sie ihn ruhig. Das ist Ihr Vorteil. So erfahren Sie viel mehr und können die Situation später besser beurteilen. Zuhören macht auch sympathisch. Das ist wichtig für Sie.

Bleiben Sie freundlich

Die Gespräche können einen sehr unterschiedlichen Verlauf nehmen. Es gibt genügend Fälle, in denen Sie von Interviewern –

ob dem Personalchef oder einem Vorgesetzten – bewußt unter Streß gesetzt werden. Es werden Ihnen unpopuläre Fragen gestellt, es werden Ihnen Fragen gestellt, bei denen Sie gar nicht erkennen können, wozu diese für ein Vorstellungsgespräch notwendig sind. Lassen Sie sich dadurch nicht einschüchtern. Antworten Sie präzise. Werden Sie nicht ungeduldig. Bleiben Sie jedoch dabei immer freundlich. Reagieren Sie nicht unwirsch und stellen Sie nicht die Frage: Was hat diese Frage hier zu tun?

Verbindlichkeit und Freundlichkeit während des ganzen Gespräches sind eine wichtige Voraussetzung für einen sympathischen Eindruck, den Sie doch hinterlassen wollen. Resignieren Sie nicht, wenn das Gespräch nicht in Ihrem Sinne verläuft. Das kann eine Provokation oder Falle des Interviewers sein, um Ihr Reagieren zu prüfen. Bleiben Sie auch hier freundlich. Gerade das kann sich bewähren.

Sprechen Sie mit dem direkten Vorgesetzten

Oft werden Vorstellungsgespräche in der Personalabteilung erledigt oder vom Abteilungsleiter des Bereichs, der einen neuen Mitarbeiter sucht. Mit beiden haben Sie in Ihrer künftigen Tätigkeit weniger zu tun als mit Ihrem direkten Vorgesetzten. Bestehen Sie deshalb darauf, Ihrem direkten Vorgesetzten vorgestellt zu werden. Versuchen Sie, sich mit ihm ausführlich zu unterhalten und ihn kennenzulernen, denn er wird später Ihre Arbeit und Ihre Leistungen beurteilen. Versuchen Sie herauszubekommen, ob eine Sympathie zwischen Ihnen und diesem Vorgesetzten vorhanden ist. Bestehen von Anfang an spontane Antipathien, seien Sie vorsichtig. So etwas ist später sehr schwer zu überwinden.

Suchen Sie Blickkontakt

Schauen Sie den Interviewer an, wenn er spricht. Sprechen Sie selbst, dann sollten Sie einen zu langen Blickkontakt vermeiden. Vermeiden Sie jede Unruhe beim Blickwechsel und schauen Sie niemals zu Boden, es sei denn, Sie denken nach.

Auch der Arbeitgeber wird den Blickkontakt suchen. Bewerber, die diesem Blickkontakt ausweichen, fallen auf. Bewerber, die selbst keinen Blickkontakt suchen, sondern beim Sprechen ständig an die Wand oder aus dem Fenster sehen, werden bei dem Personalleiter Zweifel auslösen. Wird etwas verborgen? Ist die Information unklar oder falsch? Oder ist es nur eine Angewohnheit des anderen?

Der Blickkontakt signalisiert dem Arbeitgeber Verstehen und Vertrauen. Er erlaubt Rückschlüsse auf das innere Engagement des Bewerbers bei seinen Ausführungen.

Fragen Sie den Vorgesetzten nochmals genau nach den Aufgaben, die Sie im einzelnen auszuführen haben. Lassen Sie sich möglicherweise die Stellenbeschreibung zeigen. Oft sind die Auskünfte von dem Vorgesetzten detaillierter und genauer als vom Personalleiter oder Abteilungsleiter. Fragen Sie ihn nach den Kollegen und nach den Arbeitsräumen. Lassen Sie sich über alles informieren, was Ihrer Auffassung nach für Ihre Zufriedenheit in der Firma von Bedeutung ist. Von dieser Stelle erhalten Sie meist viel offenere Auskünfte. Nutzen Sie diese Gelegenheit. Nehmen Sie sich Zeit dafür. Der neue Vorgesetzte wird Ihnen dankbar sein, denn auch er möchte Sie ganz gern kennenlernen.

Lernen Sie Ihre neue Arbeitsumgebung kennen

Nicht selten kommt es vor, daß Bewerber nur die Personalabteilung oder das Büro des Chefs kennenlernen und daraufhin ein Arbeitsverhältnis eingehen. Bitten Sie darum, Ihren Arbeitsplatz kennenzulernen. Dort haben Sie die Gelegenheit, die Arbeitsumgebung etwas genauer zu studieren. Sie werden die Werkzeuge, den Arbeitsplatz und die Maschinen genauer kennenlernen und wissen, wieviel die Firma aufwendet, um die Arbeitsmittel modern und fortschrittlich zu gestalten. Sie werden auch merken, ob Sie an einem ungünstigen Platz im Büro sitzen müssen oder vielleicht einen schönen Fensterplatz bekommen. Sie werden erfahren, ob Sie an alten Maschinen arbeiten müssen, während Ihre Kollegen neue Maschinen haben. Sie werden die Temperatur und die Geräusche in dem Raum kennenlernen oder zumindest sehen, um festzustellen, welches Arbeitsklima Sie möglicherweise erwartet.

Bestehen Sie darauf, vor einer Zusage Ihren Arbeitsplatz kennenzulernen. Kein Personalchef kann es sich leisten, Ihnen diesen Wunsch abzuschlagen. Im Gegenteil, man wird Ihr Interesse schätzen und alles Notwendige in die Wege leiten.

Seien Sie im Vorstellungsgespräch aktiv

Stellen Sie Fragen. Stellen Sie vielleicht dann die Fragen, wenn Sie einer Antwort ausweichen wollen. Gehen Sie jedoch dabei taktisch vor. Lassen Sie den anderen nicht merken, daß Sie die Gesprächsführung übernehmen möchten. Tolerieren Sie seine Autorität, auch wenn Sie nicht vorhanden ist. Wenn Sie jedoch wollen, daß der andere Sie positiv im Gedächtnis behält, müssen Sie Aufsehen erregen. Aufsehen erregen in dem Sinne, daß Sie anders reagieren und wirken als andere. Dies anders muß aber den Erwartungen des Personalleiters entsprechen. Überlegen Sie sich daher, was ihm gefallen könnte. Überlegen Sie sich, was er gern hören würde. Provozieren Sie, daß das Gespräch dahin kommt, wo Sie die Chance haben, diese Dinge anzubringen.

Auch der andere freut sich, wenn man ihm ob seiner Firma schmeichelt. Er ist schließlich stolz, in dieser Firma Verantwortung tragen zu können. Wenn man das geschickt genug tut, kann man damit etwas erreichen.

Wenn Sie wollen, daß andere auf Sie aufmerksam werden, müssen Sie den Schritt vom Warten zum Handeln machen.

Den Personalchef werden Sie enttäuschen, wenn Sie nur seine Fragen beantworten und selbst keine Fragen haben. Er wird es als positiv buchen, wenn Sie ihm sehr viele Fragen stellen. Er wird es nicht als ungehörig finden, wenn Sie versuchen, die Gesprächsführung teilweise zu übernehmen, wenn Sie dabei nicht seine Fragen unbeantwortet lassen. Er wird es als ein starkes Interesse verbuchen, wenn Sie intensiv nachforschen und sich nicht mit einfachen Antworten begnügen. Warten Sie daher nicht zu lange, ob Ihnen alle Informationen freiwillig gegeben werden, die Sie benötigen.

Beantworten Sie nicht mehr, als gefragt ist

Der Vorgesetzte bzw. Personalchef ist interessiert, Sie genau kennenzulernen. Die Interviewer haben sich auf das Gespräch vorbereitet und möchten von Ihnen so viel wie möglich erfahren. Sie haben allen Grund, die Verhältnisse umzudrehen. Sie möchten viel von den anderen erfahren. Sie möchten von sich nur das erzählen, was Sie für sinnvoll halten. Sie möchten sich im günstigsten Licht darstellen. Sie möchten nicht Ihre Schwächen vorzeitig preisgeben, um die Stellung zu halten. Deshalb beantworten Sie nicht mehr, als gefragt wird. So laufen Sie nicht Gefahr, beim »Plaudern« etwas von sich preiszugeben, was Ihnen schaden kann.

Verschweigen Sie, was für Sie ungünstig ist

Seien Sie vorsichtig beim Lügen. Dies ist gefährlich, wenn Sie davon ausgehen müssen, daß die Aussage nachgeprüft werden kann. Sie werden andere Wege finden, um Ungünstiges über Sie in Ihren Antworten zu verschweigen. Weichen Sie solchen Fragen aber nicht unsicher aus, das lenkt nur die Aufmerksamkeit des anderen auf diese Situation. Antworten Sie auf solch unbequeme Fragen prompt und kurz. Mitunter wird es dann eine Notlüge, die Ihnen weiterhelfen kann. Je sicherer Sie die Antwort bringen, desto mehr wird sie geglaubt. Ist Ihre Antwort nur sehr schwer nachprüfbar, so haben Sie nicht zu starke Gewissensbisse. In der Regel wird der Personalchef sich die Informationen nicht von anderer Seite bestätigen lassen. Es ist auch nicht gesagt, ob er von anderen eine ausreichende Auskunft erhält. Riskieren Sie deshalb einiges, den Eindruck von sich zu verbessern. Ein Vorstellungsgespräch ist ein Kampfgespräch. Es ist nur zu Ihrem Vorteil, wenn Sie cleverer sind und Ihr Ziel erreichen, ohne alle Karten auf den Tisch legen zu müssen. Der Partner hat genauso viele Möglichkeiten, dies zu verhindern.

Übrigens: eine Behauptung gewinnt im zunehmenden Maße an Glaubwürdigkeit, je konsequenter sie wiederholt wird. Auch dazu ergeben sich Gelegenheiten im Vorstellungsgespräch.

Es gibt für den Bewerber geeignete Antworten auf unbequeme Fragen, die erkennen lassen, welche Bandbreite der Möglichkeiten an Antworten für den Bewerber besteht, wenn er nicht die Wahrheit sagen möchte.

– *Warum sind Sie nur so kurze Zeit bei der Firma ..... gewesen?*
Ich war bei dieser Firma nur eine(r) unter vielen.
In meiner nächsten Stellung konnte ich mich persönlich besser entfalten.
Ich merkte, daß ich in dieser Firma nichts mehr hinzulernen konnte.
Die mir übertragenen Tätigkeiten entsprachen nicht den mir vor meinem Stellenantritt geschilderten Verhältnissen.
Ich hatte nicht mit den teuren Lebensverhältnissen dieses Ortes gerechnet.
Ich konnte mich nicht an das heiße und trockene Sommerklima gewöhnen.
Als Norddeutscher (Süddeutscher) konnte ich mich nicht in diese Gegend einleben.
Nach meinem Stellenantritt merkte ich, daß bei dem veralteten Maschinenpark nur wenig Möglichkeiten zu einer weiteren Produktionssteigerung gegeben waren.
Die Geschäftsführung hatte für eine moderne Betriebsorganisation kein Verständnis.
Ich sah kein berufliches Vorwärtskommen.
– *Warum ist Ihnen (damals bei der Firma .....) gekündigt worden?*
Meine Firma hat die Gründe bereits in dem (vorläufigen) Zeugnis zum Ausdruck gebracht. Obwohl ich gern in der Firma verblieben wäre, mußte ich leider für die Personalverringerung Verständnis aufbringen.
Meine jetzige (damalige) Firma ist (war) sehr stark von Auslandsaufträgen abhängig. Da in absehbarer Zeit keine neuen Auslandsaufträge infolge ..... zu erwarten sind (waren), erfolgt(e) ein Personalabbau.
In meinem jetzigen Büro (Betrieb, Verwaltung) sind die anfallenden Arbeiten weitgehend mechanisiert worden. Für die dadurch freigewordenen Kräfte besteht keine gleichwertige Beschäftigung mehr.

Ich hätte damals gegen meine Kündigung Einspruch erheben können. Da ich aber kein erzwungenes Arbeitsverhältnis wollte, habe ich meine Stellung gewechselt.

Von jeder neu eingetretenen Kraft wurden Leistungssteigerungen erwartet, ohne hierfür die Voraussetzungen zu schaffen. Leider kam die Kündigung meiner eigenen Absicht zuvor.

– *Sie haben schon sehr oft die Stellung gewechselt – woran liegt das?*

Teils an mir selbst, teils an den Verhältnissen. Ich war früher ein sehr unruhiger Geist, dem es nirgendwo gefiel. Das hat sich aber gelegt, und ich habe vielseitige Erfahrungen sammeln können. Solange ich noch ledig war, wollte ich möglichst viele Gegenden (Firmen) kennenlernen.

Mir lag an sehr vielseitigen Berufserfahrungen.

Für eine gesicherte Dauerexistanz wollte ich mir ein gutes berufliches Fundament schaffen.

Da ich kein abgeschlossenes Studium habe, suchte ich das durch den Erwerb vielseitiger Erfahrungen auszugleichen.

Ich hatte früher die Absicht, Dozent (Gewerbeoberlehrer, Fachlehrer, Ausbildungsleiter) zu werden. Hierfür wollte ich mir einen vielseitigen Einblick in die Praxis schaffen.

– *Aus welchem Grunde wollen Sie sich verändern?*

Meine jetzige Tätigkeit ist mir zu eng begrenzt.

Der behördliche Briefstil und insbesondere dabei die Bindung an Formulare ist mir in einer Anfangsstellung zu einseitig. Ich möchte meine Fähigkeiten gern in einer Tätigkeit anwenden, die von mir ein großes Maß an Mitarbeit erfordert.

Mein bisheriger Chef ist im Frühjahr dieses Jahres verstorben. Sein Nachfolger hat sich verständlicherweise von seiner bisherigen eingearbeiteten Mitarbeiterin nicht getrennt. Ich habe jetzt eine besser bezahlte Stellung in der betriebswissenschaftlichen Abteilung erhalten, jedoch vermisse ich die Dispositionsmöglichkeiten meiner früheren Position.

Ich fühle mich noch zu jung, um mich mit den bisherigen beruflichen Erfahrungen zu begnügen.

Ich bin der Auffassung, daß sich ein Ingenieur nicht bereits in einer Anfangsstellung binden sollte.

Zeigen Sie Interesse am Unternehmen

Informieren Sie sich vorher über das Unternehmen. Zeigen Sie dem Interviewer, was Sie vom Unternehmen bereits wissen, worüber Sie sich informiert haben.

Stellen Sie aber auch Fragen dazu. Zeigen Sie, daß Sie natürlich nicht alles über das Unternehmen bei anderen erfahren konnten (z.B. Internes). Zeigen Sie, daß Sie aber mehr vom Unternehmen wissen möchten.

Jeder im Unternehmen fühlt sich geehrt, wenn Sie sich für sein Unternehmen ausführlich interessieren. Das schmeichelt ihm. Kritisieren Sie dabei nicht! Sagen Sie nur Positives vom Unternehmen, denn anderweitig beleidigen Sie den Interviewer, der in diesem Unternehmen arbeitet und sich wohlfühlen möchte.

Sprechen Sie gut über Ihre bisherigen Vorgesetzten und Kollegen

Mit Sicherheit wird man Ihnen die Frage stellen, wie Sie mit Ihren bisherigen Vorgesetzten und Kollegen ausgekommen sind. Insbesondere ergibt sich diese Frage immer dann, wenn man über Ihre früheren Arbeitgeber spricht und den Grund Ihrer Lösung des Arbeitsverhältnisses.

Begehen Sie keinen Fehler und schimpfen Sie nicht auf Ihre Vorgesetzten. Schieben Sie die Schuld für irgendwelche Mißverständnisse oder Unzufriedenheit mit Ihrem bisherigen Arbeitgeber nicht auf die Vorgesetzten und Kollegen zurück. Sprechen Sie von einem guten Verhältnis, das Sie hatten. Gegebenenfalls nehmen Sie die Schuld auf sich. Das macht einen guten Eindruck.

Zeigen Sie durch Ihr Verhalten, daß Sie sich gut anderen Menschen anpassen können. Der neue Vorgesetzte wird Wert darauf legen, daß Sie in die neue Arbeitsgruppe hineinpassen und dort sich schnell integrieren. Erzählen Sie, daß es Ihnen bisher bei den bisherigen Arbeitgebern stets gelungen ist, ein gutes Verhältnis mit Kollegen und Vorgesetzten schnell aufzubauen. Diesem Punkt kommt genausoviel Bedeutung zu wie Ihrer fachlichen Qualifikation. Achten Sie deshalb ganz streng darauf, daß Sie immer den

Eindruck erwecken, daß Sie im bisherigen Arbeitsverhältnis ein gutes Verhältnis zu Vorgesetzten und zu Kollegen gehabt haben.

Betonen Sie Gemeinsamkeiten

Versuchen Sie zwischen Ihrem Partner und seinen Problemen einerseits und Ihrer Person und Erfahrung andererseits Gemeinsamkeiten herzustellen. Diese können liegen im gemeinsamen Interesse, Herkommen, Zugehörigkeit zu Institutionen, gemeinsamen Bekannten. Das wird nicht immer möglich sein, eine gründliche Vorbereitung hilft jedoch sehr. Oft gibt es auch im Gespräch dazu spontane Anlässe.

Nutzen Sie das Gespräch über eine gemeinsame Heimat, gleiche Ausbildungseinrichtung, gleiche Hobbys oder anderes.

Geben Sie Schwächen zu

Versuchen Sie nicht, überall perfekt zu sein. Keiner kann das. Damit hinterlassen Sie keinen günstigen Eindruck, weil Sie unehrlich sind.

Im Gegenteil, es macht immer einen guten Eindruck, wenn der Bewerber – auch über seine künftige Tätigkeit – noch Lücken zugibt und meint, daß er hier noch Erfahrungen sammeln möchte.

Andererseits sollte er dabei aber aufzeigen, wo er bereits gute Kenntnisse hat und mit praktischen Beispielen aufwarten.

Fragen Sie nicht voreilig nach Details des Vertrages

In dem ersten Vorstellungsgespräch dürfen Sie nicht versuchen, alle Details eines zukünftigen Anstellungsvertrages klären zu wollen. Das sollte erst im zweiten oder dritten Gespräch geschehen, wenn klar ist, daß Ihr Partner Interesse an Ihrer Mitarbeit hat und Sie dafür gewinnen will. Beschränken Sie sich im ersten Gespräch auf einige Grundinformationen über Art und Umfang der Position sowie den ungefähren Einkommensrahmen. Wenn Sie Ihren Partner davon überzeugt haben, daß Sie seine Probleme lösen können, wird er sich bei der Regelung der Details großzügiger verhalten, als wenn Sie diese Fragen ins Gespräch bringen, bevor er sich innerlich für Sie entschieden hat.

Sagen Sie nicht gleich zu

Sagen Sie nicht gleich zu, und drängen Sie nicht auf den sofortigen Abschluß eines Vertrages.

Normalerweise wird der Personalchef es vorziehen, mit dem Bewerber eine Bedenkzeit zu verabreden. Das wird er einerseits tun, um noch andere Bewerber kennenzulernen. Aber auch wenn es solche nicht gibt, kann er das aus taktischen Gründen verabreden. Sehen Sie das auch als Chance für Sie für anderweitige Informationen und drängen Sie nicht. Setzen Sie nicht dem potentiellen Arbeitgeber ein Ultimatum. Ausnahme: Sie müßten tatsächlich ein anderes Angebot zu einem bestimmten Termin beantworten. Dann ist es fair und Ihr Vorteil, dies mitzuteilen, damit die andere Seite sich rechtzeitig entscheiden kann.

Der Bewerber wird dann immer wieder Personalleiter antreffen, die ihnen die Stellung anbieten und am liebsten gleich deren Zusage haben möchten. Seien Sie dabei vorsichtig. Auch der Bewerber tut gut daran, sich eine Bedenkzeit auszuerbitten, in der er die Möglichkeit hat, alles Besprochene noch einmal in Ruhe zu durchdenken. Gegebenenfalls haben Sie auch dadurch auch viel Zeit, sich noch bei anderen Firmen umzusehen, bevor Sie sich entschließen.

Sie brauchen dabei nicht zu befürchten, daß Ihnen eine interessante Stellung verlorengeht, wenn Sie sich richtig verhalten und für die Stelle qualifiziert sind. Zeigen Sie Ihr Interesse für die Position und verabreden Sie, daß Sie innerhalb einer bestimmten Zeit Ihre Entscheidung mitteilen werden.

Wenn man Ihnen die Stelle zugesagt hat, dann bitten Sie den Personalchef darum, diese Position bis zu Ihrer Entscheidung für Sie zu reservieren und nicht anderweitig zu besetzen. Wenn man an Ihnen sehr interessiert ist, wird man das bestimmt tun, und Sie gewinnen Zeit.

7. Vermeidungsregeln für Sie

Diese Fehler sind zu vermeiden:

1. Ausweichen, nichtssagende Antworten, Schlitzohrigkeit.
2. Verteidigende Erklärungen abgeben, entschuldigen, unnötige Selbstbezüge auf etwa Vorhergesagtes.
3. Langatmigkeiten. Es ist zu vermeiden, die Zuhörer zu langweilen.
4. Jede Form des Belehrens, Dozierens oder arroganten oder überheblichen Argumentierens.
5. Man sollte nicht aggressiv werden.
6. Es ist zu vermeiden, Rechtsstandpunkte festzulegen, sie zu verteidigen oder zu vertreten, wenn dies nicht unbedingt notwendig ist.
7. Man vermeide ein Zuviel oder Zuwenig an Selbstdarstellung.
8. Man vermeide Emotions-Transfer, indem man den emotionalen Vorgaben der Interviewer nicht folgt. Das ist nur möglich, wenn man sich deutlich von der sprachlichen Modulation der Interviewer absetzt, also ihm weder in der Lautstärke noch in der Sprechgeschwindigkeit, noch in der Stimmhöhe, noch in der Stimmschärfe folgt, sondern seinen eigenen Rhythmus wählt.
9. Man achte sorgfältig darauf, daß man Antworten nicht an Personen bindet, also nicht personalisiert.
10. Man sollte den Interviewer nicht persönlich angreifen.
11. Man sollte den Interviewer ernst nehmen, das bedeutet, ihn nicht arrogant behandeln, ihn nicht korrigieren.
12. Man sollte auf Doppelfragen oder Mehrfachfragen nicht mit Vollständigkeit reagieren wollen, sondern die für sich selbst am wirksamsten zu beantwortende Fragen heraussuchen und sie beantworten.
13. Auf Suggestivfragen oder unterstellende Behauptungen sollte man wie folgt reagieren:
    a) wenn möglich und für die Unterstellung nebensächlich, sie überhören;

b) mit Humor zurückweisen, auf keinen Fall aber mit Empö-
   rung, Zorn oder Ärger.
14. Man vermeide es, sich auf Autoritäten zu berufen.

8. Notieren Sie Informationen während des Gesprächs

Untersuchungen haben gezeigt, daß die Erinnerungen aus den
Vorstellungsgesprächen immer mehr verblassen, je mehr Zeit darüber vergangen ist. Deshalb ist es besonders wichtig, insbesondere
bei mehreren Vorstellungen, genaue Aufzeichnungen über den
Gesprächsinhalt zu machen.

Oft geht es jedoch nicht nur darum, den Eindruck vom Unternehmen, sondern bestimmte Informationen, die im Gespräch her-
ausgekommen sind, festzuhalten. Eine Niederschrift solcher Informationen aus dem Gedächtnis nach Beendigung des Vorstellungsgesprächs hat den offensichtlichen Nachteil, daß sie eine größere
Verzerrung durch eine gewisse Voreingenommenheit gestattet, als
dies bei unmittelbaren Aufzeichnungen der Fall wäre. Die Punkte
im Interview, die dramatisch oder dem Bewerber besonders bedeutungsvoll erschienen, werden wahrscheinlich unterstrichen, andere
Punkte ausgelassen. Die Antworten werden auch zusammenhangs-
voller wiedergegeben, als sie es in Wirklichkeit waren.

Es empfiehlt sich daher für den Bewerber, bereits innerhalb des
Gespräches die Dinge mitzuschreiben, die zu einer späteren Beurteilung des Angebots notwendig sein könnten. In der Praxis hat es
sich bestätigt, daß derartige Aufzeichnungen später die wertvoll-
sten waren.

Man könnte diesem Verfahren entgegenhalten, daß die Niederschrift während des Interviews den Personalleiter stören kann und
eine unnatürliche Atmosphäre hervorruft. Insbesondere aus diesem
Grunde bevorzugen heute noch manche die Niederschrift aus dem
Gedächtnis und nehmen die dadurch entstehenden Fehler in Kauf. Es
zeigt sich jedoch immer wieder, daß Notizen während des Gesprächs
den Personalleiter weit weniger stören, als angenommen wird.

Wenn wir erwarten, daß den anderen unsere Aufzeichnungen stören könnten, sollten wir dazu Bemerkungen machen. Zum Beginn des Gespräches wäre beispielsweise folgender Satz anzubringen: »Ich hoffe, daß es Ihnen recht ist, daß ich mir einige Notizen mache. Ich möchte dadurch nur sichergehen, daß ich alles richtig behalte. Da ich mehrere Angebote erhalten habe, für die ich mich interessiere, kann es auch in Ihrem Interesse sein, wenn ich mir Einzelheiten, die Sie für Ihre Position besonders geeignet erscheinen lassen, unbedingt festhalte.

In der Praxis zeigt es sich, daß die Mehrzahl der Arbeitgeber es als völlig natürlich ansieht, daß sich der Bewerber Notizen während des Gespräches macht. Wenn der Bewerber es geschickt macht, können die Aufzeichnungen im Laufe des Gesprächs von anderen fast vergessen werden.

Die gleichen Ausführungen gelten natürlich auch für Personalleiter. Nicht selten haben Firmen bereits einen vorbereiteten Fragenkatalog zur Vorstellung und schreiben sich die Antworten dazu auf. Oder sie verwenden Beurteilungsbogen, wie die Abbildungen zeigen: Insbesondere wenn mehrere Bewerber für die Position vorhanden sind, werden sie diese Aufzeichnungen für einen echten Vergleich zur Entscheidung brauchen. Ein derartiges Vorgehen ist im Grunde für beide Seiten zu begrüßen. Es kann auch nur im Interesse des Unternehmens sein, daß der Bewerber bereits im Vorstellungsgespräch alle seine Fragen und Wünsche äußert und notiert. Einerseits erspart man sich dadurch spätere kostspielige Beantwortungen von schriftlichen und telefonischen Nachfragen. Zum anderen ist dadurch sichergestellt, daß auch der Bewerber alle Informationen erhalten und behalten hat, die er für seine Entscheidung braucht. Wie wir wissen, ist das sehr wichtig, damit kein Arbeitsverhältnis zustande kommt, das während der Probezeit bereits revidiert werden muß, weil nicht bereits vorher alle wichtigen Informationen zur Entscheidung beigetragen haben.

Abgesehen davon spricht es geradezu für den Bewerber, daß er sich auf für ihn wichtige Entscheidungen gut vorbereitet und eine genaue Analyse der Informationen vornimmt, bevor er sich für einen so wichtigen Schritt, wie es doch ein Stellenwechsel bedeutet, entscheidet.

Insbesondere Bewerber, die mit einem vorbereiteten Fragenkatalog zur Vorstellung kommen, werden – das zeigt sich in der Praxis immer wieder – die Antworten auf ihre Fragen auch während des Gesprächs bereits festhalten. Im beiderseitigen Interesse wäre es wünschenswert, wenn sich deshalb das Mitschreiben der Informationen während des Gesprächs immer mehr durchsetzt.

III. Keine Bange vor Tests und Fachgesprächen

Wann muß der Bewerber mit einem Test rechnen? Wie geht so etwas vor sich, und wie können Sie sich auf solche Situationen vorbereiten? Das sind die wichtigen Fragen, zu denen jeder Bewerber Antworten sucht.

Für die größte Zahl der freien Positionen werden in der Wirtschaft und Verwaltung keine Tests durchgeführt. Die Bewerbungsunterlagen und das Vorstellungsgespräch stehen immer im Vordergrund für die Auswahl und Entscheidung. Das betrifft ganz besonders die Bewerbungen von Arbeitern, Handwerkern und Angestellten ohne Führungsaufgaben.

Hier können schon einmal Arbeitsproben verlangt werden, aber keine wissenschaftlichen Tests.

Etwas anders ist das bei Bewerbungen für einen Ausbildungsplatz, für Trainees und für Angestellte in gehobenen Führungspositionen. Eine Umfrage der Universität Hohenheim in den letzten Jahren hat bestätigt, daß insbesondere Großunternehmen neben Gruppengesprächen, biografischen Informationsbogen und Assessment-Centern gern Tests verwenden, insbesondere dann, wenn die Zahl der Bewerber sehr groß ist und der Aufwand der Auswahlentscheidung dadurch reduziert werden kann.

Verwendete eignungsdiagnostische Verfahren :

Ungelernte Arbeiter

Analyse Bewerbungs-unterlagen	100,0%
Interview mit Fach-abteilung	100,0%
Interview mit Perso-nalabteilung	98,3%
Arbeitsprobe	11,9%
Leistungstest	5,1%
Intelligenztest	5,1%
Gruppengespräch	–
Grapholog. Gutachten	–
Sonstige	8,5%

Facharbeiter

Analyse Bewerbungs-unterlagen	100,0%
Interview mit Fach-abteilung	100,0%
Interview mit Perso-nalabteilung	100,0%
Arbeitsprobe	19,1%
Leistungstest	4,8%
Intelligenztest	1,6%
Gruppengespräch	3,2%
Grapholog. Gutachten	3,2%
Sonstige	7,9%

Techn. Auszubildende

Analyse Bewerbungs-unterlagen	100,0%
Interview mit Perso-nalabteilung	96,7%
Leistungstest	61,7%
Intelligenztest	50,0%
Interview mit Fach-abteilung	51,7%
Arbeitsproben	28,3%
Gruppengespräche	18,3%
Persönlichkeitstest	10,0%
Grapholog. Gutachten	1,7%
Assessment-Center	–
Sonstige	1,7%

Kaufm. Auszubildende

Analyse Bewerbungs-unterlagen	100,0%
Interview mit Perso-nalabteilung	93,25%
Leistungstest	55,1%
Intelligenztest	57,3%
Interview mit Fach-abteilung	33,7%
Arbeitsproben	11,2%
Gruppengespräche	32,6%
Persönlichkeitstest	12,4%
Grapholog. Gutachten	1,12%
Assessment-Center	1,12%
Sonstige	4,5%

Angestellte ohne Führungsaufgaben		Trainees	
Analyse Bewerbungs-unterlagen	100,0%	Analyse Bewerbungs-unterlagen	100,0%
Interview mit Perso-nalabteilung	100,0%	Interview mit Perso-nalabteilung	100,0%
Interview mit Fach-abteilung	100,0%	Interview mit Fach-abteilung	66,7%
Arbeitsprobe	19,2%	Gruppengespräche	37,5%
Leistungstest	12,1%	Intelligenztest	20,8%
Gruppengespräch	8,1%	Leistungstest	18,75%
Persönlichkeitstest	4,0%	Assessment-Center	18,75%
Intelligenztest	4,0%	Arbeitsproben	8,3%
Assessment-Center	4,0%	Persönlichkeitstest	6,25%
Grapholog. Gutachten	4,0%	Grapholog. Gutachten	2,1%
Sonstige	8,1%	Sonstige	10,4%

Reichen einschlägige Bücher (Test-Knacker) zur Vorbereitung auf solche Eignungs- und Persönlichkeitstests aus?

Eigentlich ja, denn jeder kennt aus seiner Schulzeit solche Prüfungssituationen und weiß, wie er sich darauf vorbereitet.

Schon bei der Einschulung verlangte die Schule erfolgreich bestandene Schulreifetests. Regelmäßige Leistungsvergleiche begleiten das Schülerleben dann bis zu dessen Testhöhepunkt, dem Abitur. Wer diese Hürde schließlich erfolgreich genommen hat, darf sogleich in die nächste Runde gehen: in den Testmarathon als Student.

Daß der Hochschulabsolvent sein akademisches Fach beherrscht, davon gehen die Arbeitgeber aus. Was sie aber nicht wissen und deshalb mit Hilfe von Auswahltests erfahren möchten: Hat der Kandidat genügend Potential für eine spätere Führungsposition? Besitzt er Sozialkompetenz? Paßt er in die Unternehmenskultur? Kann er sich einordnen, ohne sich unterzuordnen? Also versuchen die Personalverantwortlichen, sich mit diesen Informationen zu versorgen, die aus Bewerbungsschreiben und Zeugnissen nur schwer herauszulesen sind.

Einen gelungenen Überblick über in der Privatwirtschaft gebräuchliche Testinstrumente haben die beiden Diplom-Psychologen Jürgen Hesse und Hans Christian Schrader zusammengestellt und in einem Buch veröffentlicht (Hesse/Schrader: »Das neue Test-Programm«, Eichborn Verlag, Frankfurt 1988). Die Beispiele reichen von verschiedenen Varianten von sogenannten Intelligenz-Tests, über den »Siemens-Test« bis hin zu sogenannten »Manager-Tests«. Ebenso interessant sind auch das »Test-Intensiv-Training« von Dr. Horst und Renate Siewert (mvg-verlag, München/Landsberg am Lech 1992) oder die »Orientierungshilfe zu Auswahltests« der Bundesanstalt für Arbeit (mit Aufgabenheft zum Nachstellen einer Testsituation).

Jede Fachbücherei bietet also genügend Material zur Vorbereitung. Und was gehört noch dazu? Hier einige Tips, um die Aufregung zu reduzieren, die das Ergebnis nur unnötig verschlechtert.

– Üben Sie viele verschiedene Tests, die Sie mit Gebrauchsanleitung in den einschlägigen, preiswerten Büchern finden. Halten Sie unbedingt die dabei angegebenen Testzeiten ein, das ist wichtig (unter Druck arbeiten).
– Wiederholen Sie solche Übungen, denn die Firmentests haben alle einen ähnlichen Aufbau, wenn auch einen anderen Text.
– Sprechen Sie mit anderen Personen, die bereits Erfahrungen mit solchen Tests haben.
– Bereiten Sie sich auf Fragen zum aktuellen Zeitgeschehen vor (Zeitschriften/Nachrichten).
– Sehr oft sind es Tests zur Prüfung der Konzentration, des Gedächtnisses, der Geschicklichkeit (Leistungstests).
– Manchmal sind es Tests zur Ermittlung der Persönlichkeitsstruktur wie Einstellung, Interesse.
– Beißen Sie sich an Testaufgaben nicht fest. Wenn Sie eine Frage nicht beantworten können, gehen Sie zur nächsten Frage über.
– Überlegen Sie im Zweifelsfalle (bei Fragen zur Einstellung), was der Fragende für die ausgeschriebene Position wohl verlangt, und antworten Sie dann richtig.

Für den Aufbau des Tests ist das spezielle Berufsbild von entscheidender Bedeutung. An jedem Arbeitsplatz werden bestimmte Anforderungen gestellt, aus denen sich das Berufsbild ableitet. Deshalb ist der jeweilige Test nach diesen Berufsbildern ausgerichtet. Aus dem Vergleich des Berufsbildes mit dem Persönlichkeitsbild ist der Eignungsgrad des Bewerbers zu erkennen. Hieraus wird schon die Bedeutung des Tests deutlich.

Für Arbeitsplätze, bei denen das logische Denkvermögen eine große Rolle spielt, wie z. B. für Mitarbeiter in der Systemanalyse für die Datenverarbeitung, werden sogenannte Ergänzungsreihen angewendet, von denen ein Beispiel zum Üben hier wiedergegeben werden soll. Einmal probiert, wird diese immer wiederkehrende Systematik bei der Vorstellung leichter erkannt.

Beispiel: Zahlenreihe fortsetzen

Dieser Test dient der Untersuchung Ihres logischen Denkens, Ihrer Genauigkeit und Ihrer Beharrlichkeit.

Die Lösung zu diesem Test finden Sie auf Seite 171. Verschiedenartig aufgebaute Zahlenreihen sind nach beiden Seiten hin sinngemäß fortzusetzen.

Anweisung:

Versuchen Sie, die nachstehenden 14 Aufgaben innerhalb von 20 Minuten zu lösen.

1.	....	....	10	15	20	25	30	....	....
2.	....	....	68	62	56	50	44	....	....
3.	....	....	12	15	19	22	26	....	....
4.	....	....	64	63	56	55	48	....	....
5.	....	....	11	15	20	26	33	....	....
6.	....	....	69	63	55	45	33	....	....
7.	....	....	32	42	51	59	66	....	....
8.	....	....	67	49	34	22	13	....	....
9.	....	....	8	16	32	64	128	....	....
10.	....	....	384	192	96	48	24	....	....

11.	....	....	12	24	26	52	54	....	....
12.	....	....	8	5	10	7	14	....	....
13.	....	....	58	29	34	17	22	....	....
14.	....	....	92	88	44	40	20	....	....

Zeit: _____

Lösung zu »Zahlenreihen fortsetzen«

1.	0	5	_____	35	40
2.	80	74	_____	38	32
3.	5	8	_____	29	33
4.	72	71	_____	47	40
5.	6	8	_____	41	50
6.	75	73	_____	19	3
7.	9	21	_____	72	77
8.	112	88	_____	7	4
9.	2	4	_____	256	512
10.	1 536	768	_____	12	6
11.	5	10	_____	108	110
12.	7	4	_____	11	22
13.	106	53	_____	11	16
14.	188	184	_____	16	8

Auswertung: Jede richtig eingesetzte Zahl gibt 1 Punkt, Höchstwert 56 Punkte.

Gegeben wird
a) eine Gütenote auf die erreichte Punktzahl
b) eine Zeitnote auf die gebrauchte Arbeitszeit

56 Punkte	= Note 1
40 – 55 Punkte	= Note 2
27 – 39 Punkte	= Note 3
17 – 26 Punkte	= Note 4
unter 17 Punkte	= unzureichend

Wie sich andere Testreihen zusammensetzen, zeigt der folgende Text:

Wer sich gut auf einen Test vorbereiten will, der sollte entweder im stillen Kämmerlein oder, was noch besser ist, mit Leidensgenossen zusammen folgende Grundaufgaben üben:

1. Die Gesetzmäßigkeit, nach der sich eine Zahlenreihe aufbaut, zu erkennen
Beispiel: 1, 3, 7, 13, 21 ...
richtige Lösung: 31, 1+2= 3, 3+4= 7, 7+6= 13, 13+8= 21, 21+10= 31 (Abb. 2)

2. Gemeinsamkeiten erkennen
Beispiel: Was paßt nicht in diese Reihe? Bach, See, Stausee, Fluß, Meer. Lösung: Stausee (ist ein künstlich angelegtes Gewässer) (Abb. 3)

3. Satzergänzungen
Beispiel: Ergänzen Sie diesen Satz mit einem der nachfolgenden Wörter: »Bei einem Gewitter gibt es immer...« Regen, Hagel, Sturm, Blitz und Donner, Nebel.
Lösung: Blitz und Donner (Blitz und Donner machen erst ein Gewitter, alle übrigen Begriffe sind mögliche Begleiterscheinungen)

4. Textaufgaben
Beispiel: Hans geht einkaufen. Für ein Zehntel seines Geldes kauft er Zigaretten, für den vierfachen Betrag tankt er Benzin. Am Schluß hat er noch 28 DM übrig. Wieviel Geld hatte er vor dem Einkaufen? Lösung: 56 DM (Hinweis: $\frac{1}{10} + 4 \cdot \frac{1}{10} = \frac{5}{10} = \frac{1}{2}$)

5. Identische Figuren erkennen

6. Räumliches Vorstellungsvermögen
Beispiel: (Abb. 4)

7. Begriffe auswendig lernen
Beispiel: Lernen Sie innerhalb von 3 Minuten folgende Begriffe aus-

wendig, und lösen Sie dann die nachstehenden Aufgaben. »Hammer, Gießkanne, Lerche, Bratsche...«
»Der Vogel mit ›L‹ war eine...«

8. Begriffspaare zusammenstellen
Beispiel: Auto verhält sich zu Kofferraum wie Fahrrad zu...
Lösung: Gepäckträger

9. Sich auf eine Aufgabe unter Zeitdruck konzentrieren
Beispiel: Unterstreiche auf der nachfolgenden Seite alle kleinen »b«.

abdecbynddbdjhbgbyybjidbwwbdhbbdbkzrtbbddhdgbirtbghfdl

Quelle: Schüler-Handbuch, Wirtschaftsverlag Bachem

Weitere Tips zum Knacken von Tests gibt Claus Jahncke-Kell von der DAG (Hamburger Abendblatt vom 12. 3. 91):

- Zuerst alle Aufgaben durchlesen – oft sind in den Fragen Fallen. Beispiel: »Es gibt Monate mit 30 und 31 Tagen. Wieviele haben 28 Tage?« (Antwort: Alle!).
- Überblick verschaffen: Manche Fragen dienen nur zur Verwirrung.
- Aufgaben einteilen: Zuerst die leichteren lösen, manche sind gar nicht zu beantworten (Beispiel: »Finden Sie drei Reime auf Sturm« – Es gibt aber nur zwei!).
- Nicht Gewußtes notfalls raten.
- Nicht versuchen, abzuschreiben.
- Ruhe bewahren! Meist ist es nicht vorgesehen, alles zu beantworten.
- Es ist besser, weniger Aufgaben richtig zu lösen, als in der Hektik Flüchtigkeitsfehler zu machen. Das gilt vor allem für Konzentrationsübungen wie: »Markieren Sie in diesem Buchstabenfeld alle ‚m‘ mit zwei Querstrichen«.
- Wenn möglich, alles noch einmal durchlesen; so entdeckt man noch Fehler.
- Bei Persönlichkeitsfragen (»Träumen Sie oft von Dingen, die man am besten für sich behält?«) zurückhaltend bleiben: Man muß nicht alle Fragen beantworten.

– Ganz wichtig: Wer sich zu einem Beruf wirklich »berufen« fühlt, darf sich von keinem mißlungenen Test entmutigen lassen, denn ein schriftlicher Auswahltest zeigt noch lange nicht, wer für diesen Beruf geeignet ist.

Sie als Bewerber sollten an Persönlichkeitstests, für die Sie vorgesehen sind, bestimmte Anforderungen stellen, die von seriösen Unternehmen und Beratern eingehalten werden. Sie werden nicht negativ beurteilt, wenn Sie diese Wünsche äußern – im Gegenteil.

- Jeder Bewerber erfährt vorher, welche Beurteilungsmerkmale erfaßt werden sollen
- Jeder Bewerber erfährt aber auch, bei welchen Merkmalen eine positive Ausprägung gewünscht wird, wie also über die Aufnahme oder Ablehnung entschieden wird.
- Die Spielsituation ist weitgehend identisch mit der späteren Arbeitssituation.
- Das Verfahren erfaßt nur berufsspezifische Verhaltensweisen. Die Persönlichkeitsmerkmale des Bewerbers werden nur so weit erfaßt, wie sie für die Arbeitssituation typisch sind. So kommt es zu keiner Verletzung des privaten Persönlichkeitsbereichs.
- Der Bewerber erfährt auf Wunsch das Ergebnis seiner Beurteilung.

Was ist ein Assessment-Center?

Das Assessment-Center (AC) ist eine Form der Gruppenbeobachtung und -beurteilung, die durch ihre verschiedenen Einzel- und Gruppenübungen relativ arbeits- und zeitaufwendig ist und in erster Linie zur Eignungsermittlung von Hochschulabsolventen, Spezialisten und Führungskräften eingesetzt wird. Aus dem in den Übungen gezeigten Verhalten wird auf das später in der Realität tatsächlich zu erwartende Führungs- und Arbeitsverhalten des Mitarbeiters geschlossen. Die Assessment-Center-Methode ist ein systematisches Verfahren zur qualifizierten Feststellung von Verhaltensleistungen bzw. Verhaltensdefiziten, das von mehreren Beobachtern gleichzeitig für mehrere Teilnehmer in bezug auf vorher definierte Anforderungen angewandt wird. An einem AC nehmen im allgemeinen ca. zwölf Kandidaten teil, die von vier bis sechs Beobachtern (ranghöhere Führungskräfte, Mitarbeiter der Personalabteilung, evtl. externe Berater) betreut, beobachtet und am Ende einer meist zweitägigen Klausurveranstaltung gemeinsam bewertet werden. Die Teilnehmer werden dabei – mitunter unter starkem Zeitdruck – durch verschiedene Auswahlverfahren geschleust (Gruppendiskussionen, Einzelinterviews, Management- und Rollenspiele, Postkorbübungen, Präsentationen etc.), um ihre verschiedenen Führungsfähigkeiten bzw. Managementpotentiale unter Beweis zu stellen. Am Ende des AC wird jeder Kandidat durch die anwesenden Beobachter gemeinsam beurteilt.

Auch Assessment-Center können erfolgreich bestanden werden. Schauspielerisches Verhalten kann dem Bewerber sehr nützlich sein, wenn er weiß, worauf es ankommt, was besonders beurteilt und beobachtet wird. Und hierbei gleichen sich die Assessment-Center sehr.

Eine Person, die es versteht, mit anderen effektiv und kooperativ zusammenzuarbeiten, Initiative und Selbständigkeit zu beweisen sowie kreative Beiträge zum jeweiligen Geschehen zu erbringen, wird gewünscht. Die Soziabilität steht dabei im Vordergrund und jeder weiß, wie er sich verhalten muß, damit dieser Eindruck entsteht. Er muß nur die Fähigkeit haben, dieses Verhalten über 2 – 3 Tage durchzustehen und schnell und flexibel zu reagieren.

Assessment-Center werden auch bei den Bewerbern immer beliebter. Hier kann jeder testen, wo seine Stärken und Schwächen liegen. Er erfährt das kostenlos und kompetent von den personalsuchenden Unternehmen. Insbesondere junge Menschen interessiert eine solche Beurteilung – auch wenn sie gar nicht ernstlich in das Unternehmen einsteigen wollen. Nutzen Sie also jede Einladung und machen Sie mit.

Sie lernen sich besser kennen und erfahren etwas darüber, wie andere Sie sehen. Und es macht dazu noch Spaß. Sobald Sie mehrere solcher Assessment-Center besucht haben, sind Sie auch hier bald ein Experte, der alle Klippen meistert.

Anpassungsfähigkeit
Durchsetzungsvermögen
Teamfähigkeit
Einsatzfreude
Kontaktfähigkeit
Verantwortungsbereitschaft
Standfestigkeit – Rigidität
Aufgeschlossenheit
Initiative
Aufrichtigkeit

Zusätzlich interessieren – je nach Anforderungsprofil – Intelligenz und Leistungsdimensionen wie
– sprachlich-kommunikative Intelligenz
– abstrakt-analytisches Denken
– konstruktives Denken
– Raumvorstellungsvermögen
– Leistungsfähigkeit in Belastungssituationen
– Komplexität des Denkens
– Kreativität

Welche Fragebogen werden verwendet?

Ein weiteres Hilfsmittel für die Verbesserung der Auswahlentscheidung ist der »Biographische Informationsbogen« (BIB), der insbesondere von Personalberatungen und Versicherungsunternehmen eingesetzt wird.

Dieser Fragebogen arbeitet nach dem Grundprinzip: »In der Vergangenheit gezeigtes Verhalten ist der beste Prädikator für zukünftiges Verhalten«, im Gegensatz zu anderen Verfahren, die »aktuelles« Verhalten beobachten.

Solche Fragebögen werden zum Ausfüllen nach Hause mitgegeben und können entsprechend manipuliert werden. Allerdings muß der Bewerber das Anforderungsprofil kennen, um die geeigneten

Antworten ankreuzen zu können. Doch das dürfte vermutlich nicht so schwer sein. Wer selbst einmal im Außendienst gearbeitet hat, weiß sehr genau, worauf es bei einer solchen ausgeschriebenen Tätigkeit ankommt und welche Eigenschaften jemand haben sollte, der hierbei erfolgreich wird.

Also keine Bange beim Ausfüllen, nur gut überlegen.

In aller Regel wird der Bewerber mit dem zukünftigen Vorgesetzten ein gezieltes *Fachgespräch* führen müssen. Dazu einige Hinweise für das Verhalten.

Es ist vorteilhaft, möglichst vor dem *Fachgespräch* Verbindung zu Firmenangehörigen aufzunehmen. Falls in der Firma keine Freunde oder Bekannten arbeiten, bietet sich manchmal die letzte Möglichkeit in Aufenthalts-, Essens- und Warteräumen. Man sollte versuchen, die bei der Vorstellung entstehenden Wartezeiten zu Gesprächen zu nutzen, aber nicht vergessen, daß Sekretärinnen oder Büroangestellte, mit denen man vorher gesprochen hat, möglicherweise über die Gespräche ihrem Chef berichten oder daß nach der späteren Einstellung ein allzu offenes Gespräch bei der Vorstellung die späteren dienstlichen Beziehungen belasten kann. Wenn der Firmenangehörige bereit ist zu reden, soll man ihn ruhig reden lassen, notfalls aber das Thema, welches den Bewerber interessiert durch kurze Fragen zu steuern versuchen.

Der Beurteiler des Fachwissens wird zunächst versuchen, möglichst viel im freien Gespräch zu erfahren. Der Bewerber sollte jede Gelegenheit benutzen, von sich aus möglichst frei über Interessen, Projekte und Aufgaben zu berichten, die er gerne in anderen Firmen oder gar auf der Schule durchgeführt hat. Je mehr der Bewerber ins Detail einer Fachdiskussion den Beurteiler hineinzieht, desto weniger kann der Beurteiler mithalten oder wird gar den Rückzug antreten, um Peinlichkeiten seiner eigenen Wissenslücken nicht preiszugeben. Ein Abgleiten in Angeberei und vorsätzlicher Bloßstellung des Anhörenden führt aber nicht zum Erfolg. Andererseits wird der Beurteiler aus dem Fachbereich um so mehr seine eigenen Fragen stellen und den Bewerber in Schwierigkeiten bringen oder gar zu Prüfungsaufgaben greifen, wenn ein offenes Fachgespräch nicht zustande kommt.

Der Bewerber darf sich nicht damit entschuldigen, daß beispielsweise das Thema aus der Schulzeit schon drei Jahre zurückliegt und er sich nicht mehr erinnern könne. Der Fachbeurteiler wird sich möglicherweise darauf berufen, daß bei ihm das gleiche Thema schon 30 Jahre zurückliegt. Durch die stets größere Erfahrung und das spezielle Fachgebiet des Fachbeurteilers werden stets Fragen auftauchen, die den Bewerber verwirren können. Wer selbst reichlich über Fachwissen verfügt, wird die Fachdiskussion nicht nur nicht fürchten, sondern vielfach dem Persönlichkeitsgespräch vorziehen. In keinem Falle, und sind die Grundlagen noch so gering, kann man dem anderen im Fachgespräch etwas vormachen. Auch psychologisch wird der Beurteiler falsche fachliche Aussagen als unzulässige Ausflüchte einordnen, die auch in der späteren Zusammenarbeit die Verständigung erschweren könnten. Wie man auch das Fachgespräch seitens des Bewerbers auf einen erquicklichen Mittelweg zwischen leichter Plauderei und nervöser Prüfungssituation steuern kann, ist unter dem Thema »Gesprächstechniken« behandelt worden. Es ist schwerer, viele Jahre in einem Fachgebiet tätig zu sein, in dem man sich gegenüber den Kollegen und Vorgesetzten nicht behaupten kann, als bei der Vorstellung die Einsicht zu gewinnen, daß der Arbeitsplatz, der in Aussicht steht, wahrscheinlich nicht der richtige ist.

Das Ziel des Fachgespräches sollte für beide sein zu erkennen, ob eine Einarbeitung erfolgreich sein wird. Dabei ist die Darlegung der fachlichen Grundlagen und Schaffung von Vertrauen für die spätere fachliche Entwicklung weit wichtiger als die richtige Beantwortung von Spezialfragen aus diesem zukünftigen Fachgebiet. Es kann auch die Situation eintreten, daß die fachliche Grundlage bei der Vorstellung vom Beurteiler zu wenig erfragt wird. In dem Falle sollte der Bewerber sich vorsätzlich in die Fachdiskussion hineinbegeben, damit er nicht ahnungslos auf einen falschen Platz gesetzt wird. Und noch eins: Kein Bewerber kann alle Fachfragen treffend beantworten. Der Interviewer weiß meistens mehr – und es ist keine Schwäche, einmal zuzugeben, daß man nicht alles weiß. Oft ist es sogar klug, den Interviewer wissen zu lassen, daß er der Bessere ist, auch wenn es einmal nicht stimmt. Den Interviewer zu belehren, wäre wohl das Dümmste, was Sie tun könnten.

IV. Wie werten Sie Ihre Bewerbungen aus?

Bevor ein Bewerber zu einem abschließenden Urteil darüber kommt, welches Angebot für ihn das geeignetste ist, sind die vielen erhaltenen Informationen nochmals zu überprüfen, miteinander zu vergleichen und zu verwerten. Jeder Bewerber muß die Fehlerquellen in seiner Beurteilung soweit wie möglich auszuschalten versuchen. Die Ergebnisse der Mitschriften unterschiedlicher Vorstellungsgespräche müssen miteinander verglichen werden. Es ist abzuwägen, ob ein zweites Vorstellungsgespräch zur Absicherung des Urteils noch notwendig ist oder noch weitere Informationen benötigt werden.

Davor sollte sich kein Bewerber scheuen. Jede Firma ist erfreut, durch die zweite oder dritte Kontaktaufnahme das Interesse des Bewerbers zu erfahren und wird gern weitere Informationen geben. Im Gegenteil, man wird eine sorgfältige Prüfung und Entscheidungsfindung des Bewerbers positiv beurteilen für die künftige Zusammenarbeit.

1. Was war Ihr erster Eindruck wert?

Erfahrungsgemäß entstehen am häufigsten Fehler bei der Beurteilung, wenn dem ersten persönlichen Eindruck mit den kennengelernten Menschen zuviel Aussagekraft beigemessen wird. Der erste Eindruck ist nachweislich keine echte Beobachtung, sondern in erster Linie ein Vergleich des Beobachteten mit Erfahrenem. Das erklärt Kroeber-Keneth mit folgenden Worten:

»Jeder hat gewisse Vorurteile aus hängengebliebenen Erinnerungen. Zu einem Teil entstammen sie frühkindlichen Erlebnissen, werden aber auch laufend neu angereichert. Diese Vorurteile bewirken spontane Analogieschlüsse. Sie klinken dort ein, wo wir mit einem ähnlichen Menschentyp oder dem Träger einer bestimmten Eigentümlichkeit bereits besondere Erfahrungen gemacht haben.«

Keinem Menschen gelingt es, sich ganz von Vorurteilen freizumachen. Deshalb muß sich auch jeder Bewerber zuerst durch die eigenen Vorurteile durchkämpfen, wenn er die anderen Menschen, zum Beispiel Vorgesetzte und Kollegen, wirklich genauer beurteilen will.

Das ist erfahrungsgemäß sehr schwer. Wie die Erfahrungen zeigen, ändern wir unsere eigene Klassifizierung nur selten. Im Gegenteil, wir »frieren sie regelrecht ein«, und diskrepante Informationen werden überhaupt nicht wahrgenommen.

Interessant ist in diesem Zusammenhang auch die Feststellung der Psychologen, daß wir negative Eindrücke viel schneller und intensiver aufnehmen als positive. Das bedeutet, daß ein Vorstellungsgespräch bei negativem äußeren Eindruck schon erheblich vorbelastet ist. Das bedeutet aber auch, wie wichtig das erste Auftreten des Bewerbers ist, seine Erscheinung (Höflichkeit, Entgegenkommen). Er muß diesen wichtigen Eindruck zu seinen Gunsten gestalten.

Unsere eigenen Erfahrungen bestätigen uns fast täglich, daß unser Erlebnis des ersten Eindrucks nach drei Richtungen ablaufen kann:

als Sympathie, als Antipathie oder als Indifferenz.

Am häufigsten haben wir wohl das Gefühl der Indifferenz. Wir wissen mit dem Neuen »nichts Rechtes anzufangen«. Widerstreitende Empfindungen, die sich gegenseitig aufheben, bewirken in uns eine gewisse Unsicherheit. Wir sind unschlüssig, wie wir den Neuen in unseren Lebensraum einordnen sollen. Besonders bei jungen Gegenübern, wo das Persönlichkeitsgefälle in bezug auf Bildungs- und Altersabstand sehr groß ist, fehlen uns oft die rechten Beziehungspunkte zum anderen.

Der Bewerber tastet sein Gegenüber ab; auch er versucht, den anderen zu durchschauen. Das Ergebnis ist eine wechselseitig errichtete Verlegenheitsbarriere, die einen natürlichen Gesprächsverlauf hemmt.

Viel einfacher verläuft dagegen das Vorstellungsgespräch, wenn sich die Gesprächspartner gleich zu Beginn sympathisch sind. Doch diesem Umstand ist besondere Aufmerksamkeit zu schenken. Für die Analyse des Vorstellungsgespräches ist die fundierte Erkenntnis interessant, daß Kontakt, Sympathie und Aktivität nicht unabhängig voneinander existieren, sondern voneinander abhängen und im Zusammenhang stehen. Es hat sich herausgestellt, daß im allgemeinen die Intensität des Kontaktes mit der Sympathie und dem Ausmaß der Aktivität steigt. Dieses Ergebnis ist recht einsichtig. Je mehr man sich mag, desto leichter und intensiver sind die wechselseitigen Kontakte. Etwas überraschender ist dagegen der Befund, daß aufsteigende Aktivität die Sympathie steigern kann. Das trifft allerdings nur dann zu, wenn das Ausmaß der Aktivität größer wird als eine bestimmte Grenze, die wiederum von der ursprünglichen Sympathie abhängt. Bemerkenswert ist die andere Seite dieser Regel, die besagt, daß mit dem Sinken der Aktivität die Sympathie ebenfalls abnimmt. Das ist für das Vorstellungsgespräch nicht unwichtig. Eine starke Aktivität des Bewerbers ist also von Vorteil für den Eindruck, den er hinterlassen will.

Sympathie ist aber auch – davor kann nicht genügend gewarnt werden – eine der größten Fehlerquellen in der Beurteilung anderer Menschen. Sympathie aufgrund gemeinsamer Herkunft, gleicher Gesinnung, gleicher Landsmannschaft und Temperamente führten sehr schnell dazu, daß erkannte Mängel unterbewertet werden. Der Überstrahleffekt führt zu falschen Beurteilungen. Eine Umfrage der ZEIT bei Personalleitern bestätigt diese Erfahrung.

Entscheidender als Zeugnisse und Erzählungen über Leistung und Arbeit ist der »Türschwelleneffekt«, der Eindruck auf den ersten Blick. *Der Bewerber muß durch sein Äußeres unauffällig Werbung für sich betreiben. Korrekte Kleidung ist wichtig: Kleider machen Leute.*

Der Bewerber muß also auch gemeinsam verbindende Gesprächspunkte suchen und ansprechen, um die *Sympathie zu fördern.* Das kann entscheidend für ihn sein.

Noch gefährlicher für eine objektive Urteilsbildung ist eine sich sofort einstellende Antipathie beim Begegnen von zwei Menschen.

Der Bewerber muß sich sehr davor hüten, solche Regungen in seine Urteilsbildung mit einfließen zu lassen. Er wird ja nicht mit denjenigen zusammenarbeiten müssen, die das Gespräch mit ihm führten. Bewerber müssen sich deshalb allen inneren Regungen widersetzen, um dadurch eine Entscheidung zu objektivieren.

Wenn sich allerdings im Gespräch mit dem direkten Vorgesetzten spontane Regungen einer Antipathie herausbilden, ist das für eine künftige fruchtbare Zusammenarbeit sicherlich hinderlich. Hier können Sympathie und Antipathie schon eine berechtigte Bedeutung bei der Urteilsfindung haben. Der Bewerber sollte diese Tätigkeit nicht annehmen.

Die objektive Unzuverlässigkeit des ersten Eindrucks ist zwar experimentell nachgewiesen, dennoch werden in den meisten Fällen – leider – beim »ersten Eindruck« bereits die Weichen für alle weiteren Eindrücke danach gestellt. Deshalb muß der Bewerber dies bei seinem Verhalten und seiner Beurteilung berücksichtigen.

2. Suchen Sie ein zweites Vorstellungsgespräch

Ein einziges Vorstellungsgespräch wird insbesondere bei qualifizierten Bewerbern meist nicht ausreichen, um ein sicheres Urteil zu gewinnen. Eigentlich wäre es wünschenswert, für jede Vorstellung zwei Gespräche vorzusehen, um die zeitlich verschiedenen Eindrücke miteinander zu vergleichen. Zumindest sollte das für die Unternehmen gelten, die der Bewerber in die engere Auswahl gezogen hat. In der Praxis läßt sich das auch durchführen. Nur den Wunsch äußern, wenn die Personalabteilung dies nicht von allein anspricht. Die Ergebnisse sind sonst manchmal voreilige Entscheidungen, die sich nachteilig auswirken können, wenn sie nicht noch während der Probezeit korrigiert werden.

Bei qualifizierten Bewerbern, insbesondere bei der Einstellung von Führungskräften, sind jedoch heute zwei Vorstellungsgespräche in einem bestimmten zeitlichen Abstand üblich. Ein zweites Gespräch am gleichen Tage bringt bereits eine Verbesserung in der Urteilsbildung. Eine größere zeitliche Sequenz – mehrere Tage – hat für die Urteilsbildung beider Seiten allerdings größere Vorteile. Dieser Zwischenraum ergibt sich meist von allein, wenn man zwischenzeitlich andere Firmen aufsucht. Man wird dann zuerst einmal mit allen Firmen einmal sprechen, um sich eine Transparenz über das Angebot zu verschaffen. Dann wird man das zweite – meist entscheidende – Gespräch vereinbaren. Einige Eindrücke vom ersten Gespräch werden sich dafür im Laufe einiger Zeit gefestigt haben oder verlorengegangen sein, wodurch das zweite Vorstellungsgespräch einen ganz anderen Verlauf nehmen kann.

Die Erfahrungen zeigen, daß die Eindrücke zwischen den beiden Gesprächen oft sehr voneinander abweichen, und zwar mehr als man vorher annimmt. Das hängt zum Teil damit zusammen, daß die Gesprächspartner bei ihrem zweiten Gespräch normalerweise viel freier und natürlicher auftreten, denn jeder kennt sein Gegenüber bereits durch das letzte Gespräch. Es finden sich sogleich Anknüpfungspunkte, die einen natürlichen Gesprächsverlauf verbessern. Aber auch das Überdenken der eigenen Situation und der Aussagen im letzten Gespräch ergibt neue Gesichtspunkte und Fragen, deren Beantwortung für beide Seiten von großem Interesse sein kann. Dieses tiefere Gespräch gibt dem Bewerber eine gute Ausgangsposition für seine Urteilsbildung. Erst hier wird er sich sicher über seine Ablehnung oder Zusage.

Der erste Eindruck entspringt – wie bereits erwähnt – meistens aus den unbewußten Schichten unserer eigenen Person. Der zweite Eindruck ist dagegen sachbezogener. Die beiden Eindrücke sollten sich ergänzen, können sich aber auch widersprechen. Dann lohnt es, den ersten Eindruck nochmals gründlich zu überprüfen. Das gilt für beide Seiten.

3. Wie entscheiden Sie bei mehreren Angeboten?

Die Auswertung der Ergebnisse aus den Vorstellungsgesprächen bedeutet eine präzise Gegenüberstellung der unterschiedlichen Angebote der Unternehmen mit Ihren Wünschen und Forderungen. Da kaum ein Unternehmen alle Wünsche des Bewerbers hundertprozentig erfüllt, muß eine analytische Beurteilung des unterschiedlichen Erfüllungsgrades in den einzelnen Anforderungskriterien erfolgen, um zu einer sachlich einwandfreien und abgewogenen Entscheidung zu kommen. Hier bewährt sich eine Entscheidungsanalyse.

Beim Festlegen der Forderungen an den gewünschten Arbeitsplatz wird sich in der Regel herausstellen, daß ganz bestimmte Anforderungen von jedem Unternehmen unbedingt erfüllt werden müssen, damit diese Firma überhaupt für einen Arbeitsplatzwechsel in Frage kommt. Diese Anforderungen können als unabdingbare Muß-Anforderung bezeichnet werden. Daneben gibt es Anforderungen, die von dem Unternehmen bestmöglich erfüllt werden sollten.

Das Beispiel zeigt, daß von den drei Stellenangeboten das Unternehmen C für einen Stellungswechsel am geeignetsten ist. Dieses Ergebnis kommt zustande, obwohl das Unternehmen C die als sehr wichtig angesehene interessante Arbeit nicht so sehr wie Firma A vorweisen kann. Auch die Aufstiegsmöglichkeiten und das Gehaltsangebot sind bei der Firma C geringer als beim Stellenangebot der Firma A. Das zeigt, wie sehr es darauf ankommt, alle Wünsche miteinander zu vergleichen, und zwar mit dem ihnen zukommenden Gewicht für die Entscheidung.

Wie wir an diesen Beispielen sehen, ist das systematische Niederschreiben von Informationen besonders nützlich. Immer wenn Gespräche geführt werden, werden zwei Dinge sehr wichtig: das Wiederauffinden von Informationen und die Kombination von Urteilen. Beim Vorbereiten einer Entscheidung muß der Bewerber nicht nur Informationen speichern können, sondern auch leichten Zugang dazu haben; außerdem muß er seine Urteile über alternative Angebote zusammenfügen können. Diesen Bedürfnissen kann man recht gut mit dem beschriebenen System der Entscheidungsanalyse nachkommen.

Entscheidungsanalyse über die Stellenangebote

Erfüllungsgrad der Firmen

Muß	Firma A	Firma B	Firma C
1. Mindesteinkommen 4000,– p. Monat	erfüllt	nicht erfüllt	erfüllt
2. Kein Ortswechsel	am Ort	am Ort	am Ort

Wunsch-Anforderungen	Gew.	Firma A	WZ	GW WZ	Firma B	Firma C	WZ	GW WZ
1. interessante Arbeit	10	sehr	10	100		z. T.	7	70
2. gute Personalführungstechniken (Beurteilungsverfahren, Leistungsentlohnung, Führungsgrundsätze)	9	gering	4	36		bewährte Grundsätze	10	90
3. Freiheit zum selbständigen Arbeiten	8	bedingt	4	32		offensichtlich lt. Stellenbeschreibung	8	64
4. Aufstiegsmöglichkeiten	8	zugesagt	7	56		hängt von Leistung ab	5	40
5. Sicherheit des Arbeitsplatzes	8	gering	2	16		noch	9	72
6. Gelegenheit, die eigenen Fähigkeiten einzusetzen	7	ja	5	35		ungewiß	3	21
7. betriebl. Weiterbildungsmöglichkeiten	7	nein	0	—		gut	5	35
8. Gehaltshöhe	6	5000,–	6	36		4100,–	2	12
9. sympath. Vorgesetzte	6	ungewiß	2	12		ja	6	36
10. gute soziale Leistungen	5	mittel	3	15		schwach	1	5
11. gute betriebliche Altersversorgung	5	nein	0			ja	4	20
12. positiver Eindruck vom Arbeitsplatz	5	ja	5	25		offen	2	10
13. persönlicher Eindruck vom Verhalten der Firma gegenüber Mitarbeitern	5	unsicher	2	10		ja	5	25
14. geregelte Arbeitszeit	5	ja	5	10		nein	1	5
15. Image der Firma	4	gut	3	12		gut	3	12
16. Arbeitsweg	4	kurz	4	16		weit		
Gesamtbewertung				**411**				**517**

Firma kommt nicht in Frage, erfüllt nicht die Mindestgehaltsforderung

Beispiel für die Auswertung von Stellenangeboten

Entscheidungs-kriterien	Möglichkeit A (bisherige Stelle)	Möglichkeit B (1. Angebot)	Möglichkeit C (2. Angebot)	Möglichkeit D (3. Angebot)
1. Aufstiegs-möglichkeit	gering, in absehbarer Zeit nicht	gut, in 2 Jahren Gruppenleiter	gering, in absehbarer Zeit nicht	gut, in 5 Jahren Konstruktionsleiter
2. Angebotenes Arbeitsgebiet	Konstrukteur, stellvertetender Gruppenleiter	Konstrukteur, stellvertretender Gruppenleiter	Gruppenleiter	Gruppenleiter
3. Geographische Lage des Arbeitsplatzes	Großstadt, Innenstadt kein Umzug	Großstadt, Randbezirk PKW erforderlich	Kleinstadt Umzug erforderlich	mittlere Stadt Umzug erforderlich
4. Unternehmens-typ	Werkzeug-maschinen-fabrik o. H. G.	Werkzeug-maschinen-fabrik G. m. b. H.	Maschinenfabrik o. H. G.	Maschinenfabrik privat Familiengesellschaft
5. Kooperation	autoritärer Führungsstil	autoritärer Führungsstil	kooperatives Management	kooperatives Management
6. Einkommen	DM 5 000.–	DM 5 300.–	DM 5 500.–	DM 5 000.–
7. Vertrags-bedingungen	Gleitzeit Leistungsprämie	Umzugsbeihilfe	Gleitzeit Leistungsprämie	Gleitzeit Leistungsprämie Trennungszulage Umzugsbeihilfe

Beispiel für eine Gewichtungstabelle

Entscheidungs-kriterien	Gewich-tung	Möglichkeit A (bisher. Stelle)	Möglichkeit B (1. Angebot)	Möglichkeit C (2. Angebot)	Möglichkeit D (3. Angebot)
1. Aufstiegs-möglichkeit	25	5	15	5	20
2. Angebotenes Arbeitsgebiet	20	10	10	15	15
3. Geographische Lage des Arbeitsplatzes	10	10	8	3	5
4. Unternehmens-typ	5	5	5	3	3
5. Kooperation	15	5	5	15	15
6. Einkommen	15	5	10	15	5
7. Vertrags-bedingungen	10	10	5	8	9
	100	50	58	64	72

Quelle: RKW

4. Absage oder Zusage?

Für die Entscheidung nach dem Gespräch brauchen Sie oft eine Menge Geduld. Es ist nicht immer mangelndes Interesse oder gar Schlamperei, wenn das Unternehmen Sie längere Zeit auf die ersehnte Entscheidung warten läßt. Entscheidungen über die Einstellung eines neuen Mitarbeiters sind wichtige unternehmerische Entscheidungen und bedürfen der Abstimmung innerhalb des Unternehmens. Auch kann die Entscheidung von der Verfügbarkeit (oder auch Entscheidung) eines anderen Bewerbers abhängig sein. Jetzt ist Geduld angesagt. Mit drängelnden Anrufen oder gar Briefen bewirken Sie vielleicht nur, daß Sie einen ablehnenden Bescheid etwas früher erhalten. Schon mancher Bewerber hat sich durch allzu starkes Drängeln selbst aus dem Rennen geworfen. Also warten Sie ab.

Eine allgemeingültige Regel, wie lange Sie ohne nachzufragen auf eine Nachricht warten sollten, gibt es nicht. Dies hängt von der angebotenen Stelle und dem im Unternehmen üblichen Zustimmungsverfahren ebenso ab wie von der Zahl der zu bewältigenden Vorstellungsgespräche. Wenn Sie aber nach vier bis sechs Wochen noch keine Reaktion oder einen Zwischenbescheid erhalten haben, können Sie mit ruhigem Gewissen bei der Personalabteilung nachfragen. Personalleiter befürchten nämlich auch, daß sich speziell Berufsanfänger oder qualifikationsspezifisch nachgefragte Bewerber schnell entscheiden können und die Gefahr des Abspringens besteht.

Wer gar zwischenzeitlich von einem anderen Unternehmen eine Zusage erhalten hat, sollte telefonisch mit der Personalabteilung Kontakt aufnehmen, um sich nach dem Stand des Auswahlverfahrens und seinen Chancen zu erkundigen.

Verlierer gibt es nicht! Wenn Sie eine Absage erhalten, machen Sie das Beste daraus, indem Sie sie positiv sehen.

Für eine Absage sind viele Gründe möglich. In der Regel sind es sachliche und in der Position begründete, selten persönliche. Auch wenn die »Chemie« nicht stimmte: Ihre Offenheit und Ehrlichkeit haben sich durchaus gelohnt: Das Unternehmen wäre der falsche Partner für Sie gewesen, unter Umständen haben Sie soeben einen gravierenden Fehler vermieden. Zudem hatten Sie die Möglichkeit zum Training.

Eine andere Konsequenz einer Absage: Überprüfen Sie nochmals Ihre Strategie.

Wenn noch mehrere Bewertungen offen sind, aber bereits eine Zusage vorliegt, warten Sie nicht zu lange. Gute Positionen haben meistens mehrere Bewerber und Personalchefs warten ungern lange auf die Zusage.

Die Zusage kommt telefonisch oder per Post. Jetzt ist nur noch eine Etappe zu nehmen: der Vertrag. Erst der Anstellungsvertrag ist die Grundlage für Ihre zukünftige Tätigkeit. Meist wird er Ihnen zugeschickt. Die Einzelheiten haben Sie in einem der Vorstellungsgespräche bereits durchgesprochen und festgelegt. Prüfen Sie, ob diese Vereinbarungen korrekt und unzweifelhaft aufgenommen wurden.

Alles in Ordnung? Dann unterschreiben Sie. Sollten jedoch Unklarheiten bestehen, dann rufen Sie an, bevor Sie unterschreiben – noch ist Zeit. Nach der Unterschrift schicken Sie die Kopie möglichst rasch mit einem netten Begleitschreiben zurück. Denn das Unternehmen plant und rechnet mit Ihnen. Das Original behalten Sie und bewahren es gut auf.

Ist das Agreement getroffen, sagen Sie den anderen Unternehmen ab, bei denen Sie sich noch beworben haben.

Auch das ist Fairplay – und sagen Sie so ab, daß man sich gerne an Sie erinnert.

V. Was sollte im Arbeitsvertrag stehen?

Mit der Entscheidung, ein Arbeitsverhältnis zu begründen, ist ein Vertrag zu schließen. Arbeitsverträge sind an keine Form gebunden. Eine Ausnahme bilden Ausbildungsverträge. Arbeitgeber und Arbeitnehmer können sowohl mündlich wie auch schriftlich bekunden, welche gegenseitigen Rechte und Pflichten sie miteinander eingehen wollen. Es empfiehlt sich jedoch immer, die Schriftform zu wählen. Sie zwingt dazu, noch einmal alle Fragen zusammenzufassen, die man vorher nur besprochen hat. Außerdem kann der neue Mitarbeiter dem Vertragstext bereits die ersten konkreten Hinweise auf seine künftigen Aufgaben entnehmen.

Es ist zweckmäßig, schon während der vorangehenden Gespräche stichwortartig alle Punkte festzuhalten, die im Vertrag enthalten sein sollten. Von besonderer Bedeutung ist dabei naturgemäß der Termin, zu dem die Mitarbeit beginnt; die auszuführende Tätigkeit und die Höhe des Arbeitsentgelts. Darüber hinaus ist aber auch die Dauer der täglichen Arbeitszeit sowie deren Beginn und Ende im Vertrag festzuhalten. Hat ein Betrieb die gleitende Arbeitszeit eingeführt, sollte im Vertrag auf sie verwiesen werden. Ein Merkblatt hierüber ist evtl. als Vertragsergänzung beizufügen. Zwar richtet sich die tägliche Arbeitszeit im allgemeinen nach dem Tarifvertrag, er ist jedoch häufig zu umfangreich, um sofort alle notwendigen Daten zu vermitteln. Deshalb sollte der Arbeitsvertrag alles enthalten, was für den Neuling im Betrieb zuerst wichtig ist. So bleiben ihm und seinem Arbeitgeber vor der Arbeitsaufnahme unnötige Rückfragen erspart.

Grundsätzlich wird zwischen befristeten und Dauerarbeitsverhältnissen unterschieden. Verträge auf Zeit brauchen von keiner Seite gekündigt zu werden. Sie enden mit dem Zeitablauf. Befristete Arbeitsverträge sind üblich bei Ausbildungsverträgen u. U. bei Probearbeitsverhältnissen (nicht länger als ein halbes Jahr) oder bei Aushilfsverträgen.

Vertragliche *Kündigungstermine* können frei vereinbart werden. Sie dürfen aber nicht kürzer sein als die gesetzlichen oder tariflichen Bestimmungen.

Auskünfte dazu gibt die Personalabteilung. Fragen Sie danach.

Ein wesentlicher Vertragsinhalt ist die Frage des *Entgelts.* Es ist üblich, die Höhe des Monatsgehalts anzugeben. Nennt die Firma das Jahresgehalt, so ist im Zweifel jeweils ein Zwölftel zum Monatsende fällig. Darüber hinaus sollte eine Pensionszusage, falls sie gegeben wurde, in die Vereinbarung aufgenommen werden. Außerdem sollte die Urlaubsregelung ebenso wie der künftige Arbeitsbereich im Vertrag erwähnt werden.

Ob es sinnvoll ist, eine *Konkurrenzklausel* zu vereinbaren, ist von Fall zu Fall zu entscheiden. Grundsätzlich: nein! Das Gesetz und die Rechtsprechung schränken ihre Gültigkeit immer mehr ein.

Alle Punkte, die fehlen, regeln im allgemeinen das Gesetz und die Gewohnheit. Erhalten z.B. alle Meister des Betriebes von Anfang an Rechte auf eine Lebensversicherung durch die Firma, dann steht das Recht auch einem neuen Meister zu; es sei denn, er verzichtet darauf ausdrücklich und erhält dafür einen Ausgleich. Es brauchen also nicht unnötig lange Vertragswerke gestaltet zu werden. Manche Punkte regeln sich von selbst. Dennoch sind klare Verträge vorzuziehen, damit jeder weiß, woran er ist. Auch Dritten sollten Verträge in Zweifelsfällen Aufschluß geben. Hierzu noch ein Beispiel: Angenommen, es wird ein Arbeitsvertrag abgeschlossen, ohne zu erwähnen, welche Kündigungsfristen gelten, dann kommen die gesetzlichen oder tarifvertraglichen Kündigungsfristen zum Zuge. Bei Verträgen auf Lebenszeit endet das Arbeitsverhältnis mit dem Monat des 65. Geburtstages. Haben die Parteien überhaupt nichts abgemacht, sondern nur Arbeit gegeben (Einstellung) und Arbeit übernommen (Beschäftigungsbeginn), dann ist spätestens mit der Arbeitsaufnahme ein zwar formloser, aber wirksamer Vertrag zustande gekommen. Hat niemand über das Gehalt gesprochen, wird im Zweifel das für die jeweilige Leistung übliche Gehalt fällig. Das Beispiel soll zeigen: es kommt nicht unbedingt auf förmliche Verträge an. Im Zweifel regeln fast immer das Gesetz und der Tarifvertrag das Arbeitsverhältnis.

Das folgende Muster weist auf die Punkte hin, auf die ein Bewerber bei Vertragsabschluß achten sollte.

Sie sind als Verhandlungspartner gefordert. Versuchen Sie, den günstigsten Vertrag für sich auszuhandeln. Wenn Sie etwas zu bieten haben, können Sie etwas fordern. Der Zeitpunkt vor Vertragsabschluß ist für Sie der günstigste.

Muster eines
Arbeitsvertrages

Zwischen der Firma _____
und Herrn / Frau / Fräulein _____
wird folgender Arbeitsvertrag geschlossen.

§ 1. Beginn des Arbeitsverhältnisses

Das Arbeitsverhältnis beginnt am _____. Vor seinem Beginn ist
die ordentliche Kündigung ausgeschlossen.
Die ersten drei Monate gelten als Probezeit. Während dieser Zeit können die Vertrags-
parteien das Arbeitsverhältnis mit einmonatiger Frist zum Monatsschluß kündigen.

§ 2. Beendigung der Arbeitsverhältnisses

Das Arbeitsverhältnis endet mit Ablauf des Monats, in dem Herr / Frau / Fräulein _____
_____ das 65. Lebensjahr vollendet.
Die Kündigung bedarf der Schriftform. Die Kündigungsfrist beträgt _____
_____ zum _____
Das Recht zur außerordentlichen Kündigung bleibt unberührt.

§ 3. Tätigkeit

Herr / Frau / Fräulein _____ wird eingestellt als _____
_____ (Das Arbeitsgebiet umfaßt auch nachfolgende
Tätigkeiten _____)
Die Firma behält sich vor, Herrn / Frau / Fräulein _____
andere zumutbare Arbeit im Betriebe zuzuweisen, die seinen / ihren Vorkenntnissen ent-
spricht.

§ 4. Arbeitszeit

Die regelmäßige Arbeitszeit beträgt _____ Stunden wöchentlich.
Beginn und Ende der täglichen Arbeitszeit und der Pausen richten sich nach betriebli-
chen Bestimmungen.
Herr / Frau / Fräulein _____ ist verpflichtet, im Rahmen der gesetzlichen
Vorschriften Überstunden zu leisten, soweit dies betrieblich dringend erforderlich ist.

§ 5. Vergütung

Herr / Frau / Fräulein _____ erhält ein monatliches
Bruttogehalt von _____ DM. Die Vergütung ist jeweils am letzten eines Monats
fällig. Die Zahlung erfolgt bargeldlos auf ein innerhalb 10 Tagen nach Beginn des Arbeitsverhältnisses einzurichtendes Konto.

§ 6. Weihnachtsgratifikationen

Der / die Mitarbeiter(in) erkennt an, daß die Weihnachtsgratifikation, soweit sie gewährt
wird, freiwillig ist und hierauf auch nach wiederholter Zahlung kein Rechtsanspruch
erwächst.
Der Anspruch auf Gratifikation ist ausgeschlossen, wenn das Arbeitsverhältnis im Zeitpunkt der Auszahlung oder bis zum 31. 12. von einem der Vertragsteile gekündigt wird.
Herr / Frau / Fräulein _____ ist verpflichtet, die Gratifikation
zurückzuzahlen, wenn sie aufgrund eigener Kündigung oder aufgrund außerordentlicher
Kündigung der Firma aus einem von ihr zu vertretenden Grund bis zum 31. 3.
des _____ folgenden Kalenderjahres oder, sofern die Gratifikation eine
Monatsvergütung übersteigt, bis zum 30. 6. des _____ folgenden Kalenderjahres ausscheidet. Das gleiche gilt, wenn das Arbeitsverhältnis innerhalb des vorge-
nannten Zeitraumes durch Aufhebungsvertrag beendet wird.
Die Firma ist berechtigt, mit ihrer Rückzahlungsforderung gegen rückständige oder
nach der Kündigung fällig werdenden Vergütungsansprüche aufzurechnen.

§ 7. Besondere Leistungen

I. Die Firma gewährt Herrn / Frau / Fräulein _____ folgende Sonderleistungen:
1. _____
2. _____
II. Die Sonderleistungen werden in einem besonderen Vertrag geregelt, der Bestandteil
dieses Arbeitsvertrages ist.

§ 8. Zuschläge für Überstunden und Mehrarbeit

Es werden folgende Zuschläge gezahlt
— Überstunden _____
— Nachtarbeit _____
— Sonntag / Feiertag _____
Bei mehreren Zuschlägen werden nur die jeweils höheren gewährt.
Der / Die Mitarbeiter(in) darf seine / ihre Vergütungsansprüche an Dritte nur nach vorhe-
riger schriftlicher Zustimmung der Firma abtreten oder verpfänden.

§ 9. Urlaub

Herr / Frau / Fräulein _____ erhält kalenderjährlich

einen Erholungsurlaub von _____ Arbeitstagen.

Bei Urlaubsantritt erhält Herr / Frau / Fräulein _____

ein zusätzliches Urlaubsgeld in Höhe von _____ DM je Urlaubstag.

§ 10. Arbeitsverhinderung

I. Der / Die Mitarbeiter(in) ist verpflichtet, dem Arbeitgeber jede Dienstverhinderung und ihre voraussichtliche Dauer unverzüglich anzuzeigen. Auf Verlangen sind die Gründe mitzuteilen.

II. Im Falle der Erkrankung ist der / die Mitarbeiter(in) verpflichtet, vor Ablauf des 3. Kalendertages nach Beginn der Arbeitsunfähigkeit eine ärztliche Bescheinigung über die Arbeitsunfähigkeit sowie deren voraussichtliche Dauer vorzulegen. Dauert die Arbeitsunfähigkeit länger als in der Bescheinigung angegeben, so ist innerhalb von 3 Tagen eine neue ärztliche Bescheinigung einzureichen.

§ 11. Vorschüsse und Darlehen

Vorschüsse und Darlehen werden im Falle der Beendigung der Arbeitsverhältnisses wegen des noch offenen Restbetrages fällig.

§ 12. Verschwiegenheitspflicht, Nebenbeschäftigung

Herr / Frau / Fräulein _____ verpflichtet sich, über alle vertraulichen Angelegenheiten und Vorgänge, die ihm / ihr im Rahmen der Tätigkeit zur Kenntnis gelangen, Stillschweigen zu bewahren.

Herr / Frau / Fräulein _____ darf eine Nebenbeschäftigung während des Bestandes des Arbeitsverhältnisses nur mit vorheriger schriftlicher Genehmigung der Firma übernehmen.

§ 13. Gerichtsstand

Gerichtsstand für beide Vertragspartner ist das für den Hauptsitz der Firma zuständige Arbeitsgericht.

§ 14. Vertragsänderungen

I. Nebenabreden und Änderungen des Vertrages bedürfen zu ihrer Rechtswirksamkeit der Schriftform.

II. Sind einzelne Bestimmungen dieses Vertrages unwirksam, so wird hierdurch die Wirksamkeit des übrigen Vertrages nicht berührt.

§ 15. Verfallsfristen

Alle Ansprüche aus dem Arbeitsverhältnis sind binnen einer Frist von 6 (sechs) Monaten seit ihrer Fälligkeit schriftlich geltend zu machen. Danach verfallen sie.

Soweit dem Bewerber ein Manteltarifvertrag ausgehändigt wird, können im Einzelvertrag einige aufgezählte Punkte durchaus fehlen. Dann wird auf die einschlägigen Vorschriften des Tarifvertrages hinzuweisen sein.

VI. Leitsätze für die Bewerbung

1. Genaue Klarheit darüber verschaffen, warum ein Stellungswechsel angestrebt wird.

2. Einen Katalog aufstellen, in dem die Forderungen und Wünsche festgehalten sind, die vom anderen Unternehmen möglichst umfangreich erfüllt werden sollen.

3. Gehen Sie alle Wege der Stellensuche: Initiativbewerbung, Antwort auf Stellenanzeigen, Eigeninserat. Informieren Sie sich in Branchenverzeichnissen und Datenbanken über die angepeilten Unternehmen.

4. Glück, Zufall und Beziehungen spielen eine wichtige Rolle.

5. Seien Sie nicht geizig bei Bewerbungsaktionen. Der x-te Brief, den Sie sich vielleicht sparen wollten, kann »einschlagen«.

6. Verfassen Sie das Anschreiben in kurzen, verständlichen Sätzen. Zeigen Sie, daß Sie zu dem Unternehmen passen.

7. Vollständige Bewerbungsunterlagen zusammenstellen, insbesondere
   Anschreiben
   Lebenslauf
   Zeugnis-Kopien

8. Schreiben Sie wirklich alle fachlichen Eigenschaften in den Lebenslauf. Überzeugt der nicht, lesen Personalleute die Unterlagen nicht weiter.

9. Suchen Sie sich einen guten Fotografen. Verwenden Sie ein gesondertes Fotoblatt als Deckblatt, damit das Bild nicht von den eigentlich wichtigen Inhalten des Lebenslaufs ablenkt.

10. Bereiten Sie sich auf jedes Vorstellungsgespräch gründlich vor.

11. Antworten vorbereiten auf Fragen nach:
    a) der Ausbildung und Schulung
    b) der Berufserfahrung, den beruflichen Interessen
    c) den Gründen des Stellungswechsels
    d) der Kindheit und Herkunft
    e) der familiären und gesellschaftlichen Situation
    f) den finanziellen Forderungen und Wünschen für das neue Arbeitsverhältnis
    g) der Gesundheit.

12. Einen Fragenkatalog aufstellen für eigene Fragen nach
    a) dem Unternehmen
    b) dem Arbeitsplatz
    c) der Arbeitszeit
    d) den Weiterbildungs- und Entwicklungsmöglichkeiten
    e) den Personalführungsgrundsätzen
    f) dem Vorgesetzten
    g) den Mitarbeitern und Kollegen
    h) dem Gehaltssystem und dem Einstellungsgehalt
    i) sonstigen Leistungen des Unternehmens.
13. Pünktliches Eintreffen zum Vorstellungstermin, ausgeruht und mit gepflegter äußerer Erscheinung.
14. Treten Sie sicher, aber bescheiden auf. So heben Sie sich von den vielen überzogen selbstbewußten Konkurrenten ab.
15. Während des Gesprächsverlaufes stets freundlich, höflich und konzentriert sein.
16. Viele Fragen stellen und ein guter Zuhörer sein.
17. Alle interessanten Antworten mitschreiben.
18. Ihr Interesse am Stellenangebot deutlich zeigen.
19. Nicht provozieren lassen, sondern geduldig bleiben.
20. Beurteilen des Erfüllungsgrades der aufgestellten Wünsche für einen neuen Arbeitsplatz durch einen Vergleich der Angebote der verschiedenen Unternehmen.
21. Veranlassen eines zweiten Vorstellungsgespräches mit der interessantesten Firma.
22. Kritische Analyse der Beurteilungsergebnisse und »eine Nacht darüber schlafen«.
23. Entscheidung für die Zusage zu dem interessantesten Stellenangebot.
24. Prüfen, ob der angebotene Arbeitsvertrag die mündlich gegebenen Zusagen enthält.
25. Lassen Sie sich durch schriftliche Absagen nicht frustrieren. Sie haben inhaltlich keine Bedeutung, denn nichts ist für ein Unternehmen unwichtiger als ein unpassender Bewerber.
26. Machen Sie sich klar, daß eine Absage heute der Normalfall ist. Zweifeln Sie nicht an Ihren Fähigkeiten und Ihrer Persönlichkeit, aber feilen Sie an Ihrer Bewerbungsstrategie.

27. Treten Sie einen Arbeitsplatz auch dann an, wenn er nicht Ihren Idealvorstellungen entspricht, sofern Sie keine Alternative haben. Lücken im Lebenslauf entschuldigt kein Arbeitgeber.